中国社会科学院国情调研特大项目"精准扶贫精准脱贫百村调研"

精准扶贫精准脱贫百村调研丛书
CASE STUDIES OF TARGETED POVERTY REDUCTION AND
ALLEVIATION IN 100 VILLAGES

李培林／主编

精准扶贫精准脱贫
百村调研·西相王村卷

非贫困村的多维贫困及治理

牛建林／著

社会科学文献出版社
SOCIAL SCIENCES ACADEMIC PRESS (CHINA)

中国社会科学院国情调研特大项目
"精准扶贫精准脱贫百村调研"
项目协调办公室

主　任：王子豪
成　员：檀学文　刁鹏飞　闫　珺　田　甜　曲海燕

总　序

调查研究是党的优良传统和作风。在党中央领导下，中国社会科学院一贯秉持理论联系实际的学风，并具有开展国情调研的深厚传统。1988年，中国社会科学院与全国社会科学界一起开展了百县市经济社会调查，并被列为"七五"和"八五"国家哲学社会科学重点课题，出版了《中国国情丛书——百县市经济社会调查》。1998年，国情调研视野从中观走向微观，由国家社科基金批准百村经济社会调查"九五"重点项目，出版了《中国国情丛书——百村经济社会调查》。2006年，中国社会科学院全面启动国情调研工作，先后组织实施了1000余项国情调研项目，与地方合作设立院级国情调研基地12个、所级国情调研基地59个。国情调研很好地践行了理论联系实际、实践是检验真理的唯一标准的马克思主义认识论和学风，为发挥中国社会科学院思想库和智囊团作用做出了重要贡献。

党的十八大以来，在全面建成小康社会目标指引下，中央提出了到2020年实现我国现行标准下农村贫困人口脱贫、贫困县全部"摘帽"、解决区域性整体贫困的脱贫攻坚目标。中国的减贫成就举世瞩目，如此宏大的脱贫目标世所罕见。到 2020 年实现全面精准脱贫是党的十九大提出的三大攻坚战之一，是重大的社会目标和政治任务，中国的贫困地区在此期间也将发生翻天覆地的变化，而变化的过程注定不会一帆风顺或云淡风轻。记录这个伟大的过程，总结解决这个世界性难题的经验，为完成这个攻坚战献计献策，是社会科学工作者应有的责任担当。

2016 年，中国社会科学院根据中央做出的"打赢脱贫攻坚战"战略部署，决定设立"精准扶贫精准脱贫百村调研"国情调研特大项目，集中优势人力、物力，以精准扶贫为主题，集中两年时间，开展贫困村百村调研。"精准扶贫精准脱贫百村调研"是中国社会科学院国情调研重大工程，有统一的样本村选择标准和广泛的地域分布，有明确的调研目标和统一的调研进度安排。调研的 104 个样本村，西部、中部和东部地区的比例分别为 57%、27% 和 16%，对民族地区、边境地区、片区、深度贫困地区都有专门的考虑，有望对全国贫困村有基本的代表性，对当前中国农村贫困状况和减贫、发展状况有一个横断面式的全景展示。

在以习近平同志为核心的党中央坚强领导下，党的十八大以来的中国特色社会主义实践引导中国进入中国特色社会主义新时代，我国经济社会格局正在发生深刻变化，脱贫攻坚行动顺利推进，每年实现贫困人口脱贫 1000 多万人，贫困人口从 2012 年的 9899 万人减少到 2017 年的 3046 万人，在较短时间内实现了贫困村面貌的巨大改观。中国社会科学院组建了一百支调研团队，动员了不少于 500 名科研人员的调研队伍，付出了不少于 3000 个工作日，用脚步、笔尖和镜头记录了百余个贫困村在近年来发生的巨大变化。

根据规划，每个贫困村子课题组不仅要为总课题组提供数据，还要撰写和出版村庄调研报告，这就是呈现在读者面前的"精准扶贫精准脱贫百村调研丛书"。为了达到了解国情的基本目的，总课题组拟定了调研提纲和问卷，要求各村调研都要执行基本的"规定动作"和因村而异的"自选动作"，了解和写出每个村的特色，写出脱贫路上的风采以及荆棘！对每部报告我们都组织了专家评审，由作者根据修改意见进行修改，直到达到出版要求。我们希望，这套丛书的出版能为脱贫攻坚大业写下浓重的一笔。

中共十九大的胜利召开，确立习近平新时代中国特色社会主义思想作为各项工作的指导思想，宣告中国特色社会主义进入新时代，中央做出了社会主要矛盾转化的重大判断。从现在起到 2020 年，既是全面建成小康社会的决胜期，也是迈向第二个百年奋斗目标的历史交会期。在此期间，国家强调坚决打好防范化解重大风险、精准脱贫、污染防治三大攻坚战。2018 年春节前夕，习近平总书记到深度贫困的四川凉山地区考察，就打好精准脱贫攻坚战提出八条要求，并通过脱贫攻坚三年行动计划加以推进。与此同时，为应对我国乡村发展不平衡不充分尤其突出的问题，国家适时启动了乡村振兴战略，要求到 2020 年乡村振兴取得重要进展，做好实施乡村振兴战略与打好精准脱贫攻坚战的有机衔接。通过调研，我们也发现，很多地方已经在实际工作中将脱贫攻坚与美丽乡村建设、城乡发展一体化结合在一起开展。可以预见，贫困地区的脱贫攻坚将不再只局限于贫困户脱贫，我们有充分的信心从贫困村发展看到乡村振兴的曙光和未来。

是为序！

全国人民代表大会社会建设委员会副主任委员

中国社会科学院副院长、学部委员

2018 年 10 月

前　言

"民惟邦本，本固邦宁。"民生问题是关系社会稳定和发展的根本性问题。20世纪后半叶以来，随着市场化改革的深入，我国经济发展取得了令人瞩目的成绩。截至2010年，我国经济总量已跃居世界第二，与改革开放之初相比人均国民生产总值增长超过10倍。经济的快速发展为改善民生奠定了重要的物质基础，然而民生状况并不会因经济总量的增加而自行改善。现阶段，我国仍有数以千万计的居民生活在绝对贫困线以下，社会成员对经济发展成果的共享尚未真正实现。社会经济领域分配不均衡的现象普遍存在，各地区、城乡、不同社会群体之间呈现出明显的贫富分化现象。大量事实表明，这些发展中的不平衡、不充分问题不仅与人民群众日益增长的美好生活需要不相适应，而且在根本上制约着社会经济的持续健康发展。

为了贯彻党中央关于全面建成小康社会和"精准扶贫"的战略决策，及时了解和把握扶贫攻坚阶段全国贫困地区的脱贫进展及其可能面临的问题，中国社会科学院"精准扶贫精准脱贫百村调研"国情调研特大项目于2016年启动。作为该项目的子项目之一，本项目组在利用文献与公开发布的统计资料进行初步分析的基础上，通过实地考察，选取了全国扶贫工作重点县方山县西相王村作为案例村开展调查研究。2016年8月至2017年12月，项目组多次进入案例村开展调查研究活动。这些调研活动主要包括：1）针对村委会的问卷调查和对村干部的访谈；2）收集村庄居民完整的户主名册，在此基础上对贫困家庭户和非贫困家庭户进行分层随机抽样；3）对抽中的家庭户样本进行问卷调查；4）在研究过程中，根据调查数据深度分析的需要，2017年8月组织对部分贫困户进行回访，在跟踪了解前期调查中发现问题的同时，对村庄中未抽中的部分典型贫困户开展深入访谈；5）2017年底，项目组再次对案例村的扶贫进展情况进行跟踪了解。

在案例村开展问卷调查和田野调查的同时，项目组也对其所属县的扶贫情况开展了多次调研。具体包括对劳动、就业及社会保障部门工作人员的访谈，主要了解医疗保险、社会保障以及劳务培训和输出等扶贫项目进展情况；对教育部门、卫生部门的工作人员进行访谈，主要了解该县科教文卫领域"对口帮扶"的精准扶贫工作进展、贫困户学生的扶助计划和政策执行情况。这些访谈为系统了解当地贫困发生的背景与环境、贫困特征的一般性与特殊性、主要的扶贫资源和脱贫机会等提供了重要的数据信息，也为深入分析案例村的贫困问题奠定了必要的基础。除县级层次的扶贫工作情况外，项目组还走访并收集了案例村附近多个村庄的贫困发生情况及其扶贫工作特征与进展，为深入理解案例村的贫困问题及扶贫工作进展提供了重要参照。

概括起来，本项目在调查研究中收集和利用了不同层次、不同范围的数据资料和信息，在深入剖析案例村的贫困问题和扶贫工作特征的同时，拓展分析视野、建立对比研究的框架，为深入理解和拓展研究发现的现实意义提供了可能。项目报告的组织结构大致如下：首先使用全国县级统计资料，对比分析国家扶贫工作重点县与非贫困县在自然、地理、人口等方面的特征及其社会经济发展状况；在此基础上，分析样本县和案例村的相关扶贫情况，深入考察当地贫困发生的特殊背景及具体贫困问题。分析过程中，结合当地的主要扶贫政策与举措，重点剖析具有典型特征的健康扶贫、教育扶贫等进展、面临的问题与挑战。最后，针对现存的贫困问题以及扶贫工作的挑战，探讨了可能的扶贫策略和政策建议。本项目的研究发现在展示案例村"精准扶贫精准脱贫"工作的成就和现实挑战的同时，有望为具有类似贫困特征的贫困地区和贫困人口推动脱贫攻坚提供必要的借鉴与参考。

目　录

第一章

绪　论

第一节　研究背景

贫困意指"贫穷、生活困难"，[①] 是与富裕相对的一种生活状态。现代社会中，消除贫困是社会发展的重要目标和内容，它关系着一个社会的和谐稳定及持续健康发展。伴随着经济增长和社会文明进步的步伐，贫困的定义也在经历着历史性的演变。与人的需求层次和社会演化的一般进程相适应，贫困的内涵随着社会的发展而不断丰富。在20世纪70年代以前，世界范围内关于贫困的关注主要集中

[①]　中国社会科学院语言研究所词典编辑室编《现代汉语词典》(第6版)，商务印书馆，2012。

于对抗饥饿（饥荒）和解决温饱问题。[①]1973年，著名经济学家阿玛蒂亚·森（Amartya K. Sen）最早针对当代社会中贫困的本质进行了新的阐释，在其后续研究中，森进一步深刻剖析、发展完善了关于贫困的认知范畴。[②]森指出，贫困的本质是人"基本能力的剥夺"，包括获取收入、社会地位和其他必要生活条件（如居住安全等）等能力的相对或绝对剥夺。区别于以往简单的贫困衡量标准，森提出了多维贫困的概念，由此开启了现代社会关于贫困的全新认知和理解。贫困问题不利于社会成员的团结和整个社会的和谐稳定，对经济持续发展与社会文明进步也产生着客观制约。因而，消除贫困已成为当今世界各国致力开展的重要发展目标，体现了全体社会成员共享发展成果的必然要求。

20世纪70~80年代以来，我国社会经济发展取得了令人瞩目的成绩：一方面，人口教育状况不断改善，国民的健康水平和收入有了显著提高；另一方面，人口死亡率大幅下降，经济活动人口的失业率持续保持在较低水平……这些发展成果极大地推动了绝对贫困问题的控制。截至2013年，全国处于绝对贫困线以下的人口规模已下降到1亿以下；在贫困线标准不断提高的情况下，贫困人口规模仍有了大幅下降。[③]尽管如此，现阶段我国贫困人

---

① Amartya K. Sen. *"Poverty and Famines: An Essay on Entitlement and Deprivation,"* Oxford and New York: Oxford University Press, 1981.

② Amartya K. Sen, *"On Economic Inequality,"* Oxford: Clarendon Press, 1973.

③ 2008年起，绝对贫困标准与低收入标准合二为一。2011年，我国贫困线标准由原有的人均1274元提高到2300元（2010年不变价格），2014年相应标准进一步提高到2800元；参见：http://www.ce.cn/xwzx/gnsz/gdxw/201501/30/t20150130_4478811.shtml。

口问题仍然是影响民生状况的重大现实问题，扶贫工作还面临着严峻的考验。随着扶贫工作的推进，绝对贫困人口规模快速下降，但其分布格局也出现了新的特征，这为贫困人口的定位和识别增加了困难；面对日益复杂的贫困成因，原有扶贫政策和措施的效果日渐式微。与此同时，过去几十年来我国经历了快速的社会转型和经济市场化发展，传统的集体主义和平均主义分配格局被打破。这些转变不仅在客观上削弱了原有的社会福利和保障体系，而且产生了贫富分化现象；近年来，随着医疗卫生、教育、住房等生活成本的大幅攀升，社会成员之间的贫富分化日益加剧，贫困问题也因此而变得更为复杂。概言之，现阶段解决我国社会的贫困问题不仅需要继续致力于消除绝对贫困问题，而且要警惕和防范因再分配环节社会功能的异化而导致和衍生新的贫困现象。

为了促进扶贫效率的提高、更好地实现脱贫攻坚目标，适应现阶段我国贫困现象的新特征，"精准扶贫"方略应运而生。精准扶贫是党中央最早于2013年提出并开始部署实施的战略方针，它标志着我国扶贫开发进入脱贫攻坚的新阶段，也体现了新时期扶贫工作中实事求是的指导思想。[1] 党的十八大以来，精准扶贫在各级政府和社会各界的努力下取得了重要的成效，年均脱贫人口规模达1300余万人；[2] 但不容忽视，精准扶贫政策在实践中也暴露出不同类型的问题和困难。总结精准扶贫实践中

[1]　http://politics.people.com.cn/n1/2017/0817/c1001-29478092.html.

[2]　http://politics.people.com.cn/n1/2017/0817/c1001-29478092.html.

成功的经验和现实的问题与挑战，对于推动扶贫工作的高效开展、切实改善全社会的民生状况、实现共同富裕具有重要的意义。本研究基于既有关于精准扶贫的研究成果、全国性的统计数据资料，并结合典型贫困地区的实地调研结果，分析当前我国人口的贫困状况、典型原因；在此基础上尝试提出提高扶贫成效、促进脱贫攻坚的政策建议。

第二节　精准扶贫政策及相关研究梳理

为了更好地了解现阶段精准扶贫的政策设计、实施状况及其在实践中存在的问题与挑战，总结其在各地扶贫实践中探索和积累的经验成果，本节首先对近年来精准扶贫的政策特点和相关研究成果进行系统梳理，为后续章节的实证研究奠定基础。

一　精准扶贫政策概要

"精准扶贫"相对于粗放式的扶贫，由习近平总书记2013年11月在湖南湘西考察时最早提出，它强调在当前扶贫攻坚阶段贯彻"实事求是、因地制宜、分类指导、精准扶贫"的时代要求。精准扶贫思想突出强调了当前贫困问题的新特点和扶贫工作中新的指导思想，深化拓展了此前中央关于扶贫工作方针调整必要性的系列观点。[①]

2014年初以来，中共中央和国务院先后出台了一系列政策文件，包括2014年1月中共中央办公厅印发的《关于创新机制扎实推进农村扶贫开发工作的意见的通知》、2014年5月国务院颁布的《关于印发〈建立精准扶贫工作机制实施方案〉的通知》和《关于印发〈扶贫开发建档立卡工作方案〉的通知》等。这些文件将精准扶贫的思想逐步拓展和深化，建构了精准扶贫政策的顶层设计和总体布局，为推动相应扶贫工作提供了必要的战略部署。此后，精准扶贫工作在全国扶贫工作中广泛开展，其实施过程中的经验总结也在持续为精准扶贫政策的发展完善提供依据。2015年6月，总书记在贵州考察时针对精准扶贫工作部署进一步提出了四个"切实"、六个"精准"和"四个一批"的具体要求，强调当前扶贫工作要做到"切实落实领导责任、切实做到精准扶贫、切实强化社会合力、切实加强基层组织"，确保"扶贫对象精准、项目安排精准、资金使用精准、措施到户精准、因村派人精准、脱贫成效精准"，具体的扶贫工作策略包括"通过扶持生产和就业发展一批、通过移民搬迁安置一批、通过低保政策兜底一批，通过医疗救助扶持一批，实现贫困人口精准脱贫"。

根据各地的贫困现实和贫困问题的复杂多样性，2015

---

① 如2012年底，总书记在河北阜平老区考察时提出，扶贫工作不要用"手榴弹炸跳蚤"等观点。

年 12 月中央进一步提出了"五个一批"的扶贫策略,"发展生产脱贫一批、易地扶贫搬迁脱贫一批、生态补偿脱贫一批、发展教育脱贫一批、社会保障兜底一批"。"五个一批"的扶贫思想在综合考虑各地贫困问题的性质和特征的基础上,细化了扶贫策略实施的指导方向,贯彻了针对不同类型的贫困人口分类施策、提高脱贫效率的精准脱贫要求。

上述政策文件和指导思想概括了精准扶贫政策的政策要义,对精准扶贫的工作机制进行了详细部署。现行的精准扶贫工作实施从中央到地方各级政府协调管理的制度,其明确设立并逐步完善了包括责任体系、政策体系、投入体系、动员体系、监督体系、考核体系为一体的制度体系。[①] 由中央统筹、省负总责、市(地)县抓落实,通过选派扶贫干部直接驻村帮扶、定点扶贫,强化实现各级领导和管理责任的部署与落实。在扶贫实践中,精准扶贫政策要求充分利用社会力量,动员多部门分工合作、参与对贫困村和贫困户的直接帮扶,以实现最大的社会资源整合效应。概言之,精准扶贫政策是适应贫困问题新特征而出台的政策举措,它不仅区别于我国以往时期实施的扶贫政策,而且集全社会资源、各级政府统筹领导与负责、多部门参与、多渠道多举措精准扶贫等新特点于一体,体现了我国政府对消除贫困、全民脱贫攻坚的决心。党的十八大以来,党中央把脱贫攻坚纳入"五位一体"的总体布局和

---

① http://www.gov.cn/xinwen/2017–10/10/content_5230859.htm#1.

"四个全面"的战略布局，确立了到 2020 年在现行贫困标准下贫困人口实现脱贫、贫困县全部"摘帽"、消除区域性整体贫困的目标。精准扶贫不仅是我国"十三五"时期社会发展的重要战略目标，其成效也关系着我国 2020 年全面建成小康社会目标的实现。

二 精准扶贫的学术研究成果

随着精准扶贫政策不断完善和广泛实施，近年来，学术界涌现了大量关于精准扶贫的研究成果。按照研究内容进行划分，这些研究大致可以归纳为以下几类：1）关于精准扶贫内涵和意义的解读与学术探讨；2）精准扶贫工作中贫困对象识别和致贫原因分析；3）扶贫措施和实施过程的评估。针对这些类型的研究成果，本节以下部分将依次进行梳理和评述。

（一）关于精准扶贫的意义和内涵的学术探讨

精准扶贫是现阶段我国解决人口贫困问题、全面实现小康社会的重要方略，围绕精准扶贫的具体政策规划和方案设计，近年来有不少研究对精准扶贫的内涵和意义进行了阐释和探讨，这些研究成果在我国精准扶贫政策实施过程中，对深入系统地理解精准扶贫思想、完善其政策建构、促进扶贫效率的提高发挥着重要作用。

现有研究一致认同我国现阶段实施精准扶贫的必要性和时代意义，这些研究分析指出，精准扶贫不仅是全面实现小康的重要保障，也是我国扶贫开发在新的时代背景下贯彻实事求是、转换扶贫工作理念和机制的必然要求。①尽管如此，现有研究结合精准扶贫的认识和工作模式中存在的一些过于追求贫困指标成效的运动式扶贫、形式主义等问题，探讨了精准扶贫的含义及其战略目标。陆益龙研究指出贫困问题具有复杂性、相对性和动态可变性，②与此同时，贫困现象的存在也具有客观必然性。鉴于此，该研究认为，精准扶贫应当避免陷入过于计较"贫困线标准"或"贫困人群确切数字"的形式主义"精准"目标，应持续关注和致力于解决贫穷人群的现实困境，使其得到应有的社会经济和人文支持。

虞崇胜和余扬从精准扶贫的战略目标出发，强调了从精准扶贫到精准脱贫战略转换的必然性和现实意义。③该研究分析指出，从精准"脱贫"的目标来看，精准扶贫不应是依赖外力人包大揽的扶贫运动，而应当是注重发展能够惠及长远、真正提高贫困者致富能力的、具有可持续性的战略。由此，该研究强调能力脱贫在精准脱贫中具有核心的作用，以及制度脱贫对于在国家和社会层面创造条件实现精准脱贫的重要意义。

---

① 张琦:《精准扶贫助推我国贫困地区 2020 年如期脱贫》,《经济研究参考》
2015 年第 64 期。
② 陆益龙:《农村的个体贫困、连片贫困与精准扶贫》,《甘肃社会科学》2016
年第 4 期。另见:左停、徐小言《农村"贫困 - 疾病"恶性循环与精准扶贫
中链式健康保障体系建设》,《西南民族大学学报（人文社会科学版）》2017
年第 1 期。
③ 虞崇胜、余扬:《"扶"与"脱"的分野:从精准扶贫到精准脱贫的战略转
换》,《中共福建省委党校学报》2017 年第 1 期。

（二）贫困对象识别和致贫原因分析

精准扶贫的前提是对贫困对象进行精准识别，包括对贫困人群的精准定位、贫困类型和致贫原因的精准分析和把握等。在一定意义上，精准识别贫困对象是保证扶贫效果的精准性和高效性的基础与必要条件。现有关于精准扶贫的研究中，有不少针对贫困人群识别问题的探讨。这些研究结合各地精准扶贫工作的实践，突出强调了贫困对象识别的复杂性。

1. 贫困标准

贫困人口的精准识别，首先需要明确贫困标准的定义。关于贫困标准的界定，不同社会有不同的做法。美国于1964年开始制定的贫困线标准是以家庭必需的食物开支乘以3得出，1969年起美国改用消费价格指数来调整贫困线。印度等国使用家庭成员的人均收入来划分贫困线。[①]我国自精准扶贫政策实施以来，中央扶贫工作部署中多次强调，精准扶贫的目标是要在2020年稳定实现贫困人口不愁吃穿，义务教育、基本医疗和住房安全有保障。这些政策设计隐含了贫困标准的多维性和丰富内涵；不过，在实践中，也往往采用易于测量和操作的收入标准来衡量贫困的发生情况。目前我国通用的收入贫困线标准是年人均收入2800元，该标准是在2015年重新调整确定的，比精准扶贫政策实施之初的贫困标准（2010年不变价计算的2300元）有了明显提高。

---

① 《辞海》第六版，上海辞书出版社，2009，第1736页。

杨瑚梳理了世界不同国家关于贫困标准的设定和演变，并与我国现行的贫困标准进行了对比。[①] 研究指出，目前国际上较为常用的贫困标准是世界银行根据 75 个国家的贫困线数据按 2005 年购买力平价进行折算后确定的，其标准为人均每天消费支出不足 1.25 美元。该标准被广泛使用，已成为当前的国际绝对贫困标准。与国际贫困标准相比，我国 2015 年修订确定的新贫困标准（1.9 美元 / 天）略高，但我国的贫困标准是依据收入来鉴定的。该研究指出，按当时汇率折算，我国在精准扶贫政策实施之初采用的贫困标准约相当于 2005 年世界银行制定的人均消费低于 1.25 美元 / 天的国际绝对贫困标准。

　　关于贫困标准，目前有研究指出，我国在扶贫工作实践中采用的收入贫困线标准过于单一，容易对贫困人群的精准界定造成不利的干扰。例如，不少处于贫困线边缘的人群，其真实贫困状况的复杂性往往不能简单使用收入高于或低于贫困标准来衡量或划分；同时，单一的收入贫困线标准在脱贫成效的评估中也存在不利影响，不利于推动脱贫成效的稳定。除此之外，这些研究结合各地居民的生活成本，指出现行的贫困标准仍存在偏低的问题。[②] 不过，有研究发现，我国各地扶贫工作中实际采用的贫困标准在国家贫困标准之上，呈现一定的地区差异。在经济较发达地区，贫困村、贫困户的识辨标准有所不同，例如，部

---

① 杨瑚：《精准扶贫的贫困标准与对象瞄准研究》，《甘肃社会科学》2017 年第 1 期。

② 张琦：《精准扶贫助推我国贫困地区 2020 年如期脱贫》，《经济研究参考》2015 年第 64 期。

分省份以人均纯收入低于全省当年农村人口人均纯收入的60%作为贫困标准。[①]由此可见，精准扶贫中关于贫困标准的界定和执行具有现实复杂性，这也在一定程度上意味着精准识别贫困对象和评价扶贫工作效果的客观复杂性和实际困难。

2. 贫困对象的精准识别

贫困对象的精准识别是精准扶贫政策的基本要求，也是精准扶贫工作顺利开展的关键所在。它不仅关系着相对有限的扶贫资源能否发挥最大的效应，而且很大程度地影响着社会成员共享发展成果，以及社会和谐稳定的发展目标能否顺利实现。与传统扶贫工作相比，精准扶贫要求对贫困对象精准识辨，甄别贫困的类型、深入了解致贫原因。为适应精准扶贫政策与实践的要求，近年来学术界涌现了不少关于贫困对象精准识别程序或策略的探讨，这些研究从理论和经验的视角出发剖析了精准识别贫困对象的现实复杂性和实施问题。

现有关于贫困对象识别的研究大多认为，精准扶贫强调多维贫困的概念，这在根本上决定了精准扶贫需要面对多元、多样化的贫困现象。多维贫困的内涵还意味着，贫困的成因可能是错综复杂的，某一方面能力或权利的缺失极有可能诱发其他方面能力的下降，从而陷入贫困的恶性循环，导致更为复杂的、不易消除的贫困现象。鉴于此，不少研究强调，精准扶贫对象的识别需要从多个维度出

---

① 王雨磊：《数字下乡：农村精准扶贫中的技术治理》，《社会学研究》2016年第6期。

发，关注个人发展能力和权利的缺失对于贫困的影响。[1]
在实践中，贫困现象的复杂性往往增加了贫困对象识别不
精准的风险。例如，不少精准扶贫调研结果反映，不少地
区的精准扶贫工作中存在较为突出的贫困对象识别不精准
的问题。[2] 张翼对江西、甘肃和安徽三地精准扶贫工作的
调查研究发现，这些地区的农村存在不少非贫困户被鉴定
为贫困对象的现象，个别村庄贫困对象识别不精准的比例
甚至高达 1/3 左右；与此同时，这些地区也在不同程度上
存在贫困人口未被识别出来、未纳入建档立卡扶贫救助对
象的问题。[3] 高翔等在山东的调研、[4] 刘辉武在贵州的调研
结果[5] 也在不同程度上反映了贫困对象识别不精准现象。
这些研究指出，贫困对象识别不精准的现象可能引发诸如
2016 年 9 月甘肃临夏发生的"因贫自杀"的悲剧，不利于
全面小康和社会和谐发展目标的实现。

除贫困现象的复杂性外，影响贫困对象精准识别的因
素还包括其他社会经济及制度性因素，不少研究对这些因

[1] 陈辉、张全红：《基于多维贫困测度的贫困精准识别及精准扶贫对策》，《广东财经大学学报》2016 年第 3 期；支俊立、姚宇驰、曹晶：《精准扶贫背景下中国农村多维贫困分析》，《现代财经（天津财经大学学报）》2017 年第 1 期。
[2] 任超、袁明宝：《分类治理：精准扶贫政策的实践困境与重点方向——以湖北秭归县为例》，《北京社会科学》2017 年第 1 期；唐丽霞、罗江月、李小云：《精准扶贫机制实施的政策和实践困境》，《贵州社会科学》2015 年第 5 期；王雨磊：《精准扶贫何以"瞄不准"？——扶贫政策落地的三重对焦》，《国家行政学院学报》2017 年第 1 期；张翼：《当前中国精准扶贫工作存在的主要问题及改进措施》，《国际经济评论》2016 年第 6 期。
[3] 张翼：《当前中国精准扶贫工作存在的主要问题及改进措施》，《国际经济评论》2016 年第 6 期。
[4] 高翔、李静雅、毕艺苇：《精准扶贫理念下农村低保对象的认定研究——以山东省某县为例》，《经济问题》2016 年第 5 期。
[5] 刘辉武：《精准扶贫实施中的问题、经验与策略选择》，《农村经济》2016 年第 5 期。

素的作用机制进行了剖析。吴雄周和丁建军从贫困现象的动态发展特征出发，讨论了贫困对象的客观可变性及其对精准识别贫困对象的挑战。[①] 该研究指出，贫困问题具有动态演变的可能性，这在一定程度上会降低贫困对象的识别效率，导致识别不精准的问题。对此，吴雄周和丁建军建议采取动态监测的手段，通过动态机制将扶贫对象、目标和手段有机联系起来，真正实现精准扶贫的目标。王雨磊剖析了精准扶贫中建档立卡信息的时效性和真实性对精准识别贫困对象的影响，该研究指出，建档立卡所采集的贫困信息与贫困的实际发生情况不同步是制约精准扶贫效率提高的重要方面。[②]

在制度和政策实施层面，制度设计、政绩考核体系设计和考核压力也在一定程度上影响着精准扶贫工作对贫困对象的精准识别。受此影响，现有研究发现，各地精准扶贫工作中存在不同程度的贫困对象识别过度程序化或形式主义的问题。王雨磊通过分析精准扶贫的制度设计和实施情况指出，精准扶贫对贫困对象的识别采取贫困村瞄准、贫困户瞄准以及贫困户核查的"三重对焦过程"，这些过程分别由县扶贫办、村干部和驻村干部负责执行；由于这些执行主体面临各自的考核压力，其决策考量往往不同，这在客观上导致了部分贫困地区贫困对象的识别结果出现

---

① 吴雄周、丁建军：《精准扶贫：单维瞄准向多维瞄准的嬗变——兼析湘西州十八洞村扶贫调查》，《湖南社会科学》2015 年第 6 期。
② 王雨磊：《数字下乡：农村精准扶贫中的技术治理》，《社会学研究》2016 年第 6 期。

"瞄不准"或识别不精准的问题。[①] 除此之外，现有研究指出，顶层设计的制度安排在各地的扶贫实践中具体适用性不同，过度强调"程序化"的制度安排有可能造成贫困对象识别不精准，甚至是对贫困对象的新的制度排斥。任超和袁明宝在湖北秭归县的调查结果反映，该地区在对老年贫困人口的识别中采取依据老年人的子女数量来估算老人收入的办法，按照假定的青壮年子女平均收入与子女数的乘积估计老人的收入，忽视了子女实际收入状况及其与老人收入的联系，其结果使得部分贫困老人被排除在精准帮扶对象之外。[②] 类似地，葛志军和邢成举在宁夏的调查研究发现，调研的部分地区执行"五类人"不能进入扶贫对象的程序式规定。[③] 根据相应规定，子女或其他家庭成员中有财政供养、优抚人员等情况者，一律不能视作贫困。在实际执行过程中，由于"家庭"定义的模糊性，一部分实际贫困的人群被制度性地排斥在精准扶贫对象之外。

除上述研究发现外，关于社会结构、村庄政治结构、家族关系、血缘网络等因素对贫困对象精准识别的干扰效应也在现有研究中得到不同程度的关注。唐丽霞等分析指出，精准扶贫对象的识别机制存在政策和现实双重挑战。[④]

① 王雨磊：《精准扶贫何以"瞄不准"？——扶贫政策落地的三重对焦》，《国家行政学院学报》2017 年第 1 期；王雨磊：《数字下乡：农村精准扶贫中的技术治理》，《社会学研究》2016 年第 6 期。
② 任超、袁明宝：《分类治理：精准扶贫政策的实践困境与重点方向——以湖北秭归县为例》，《北京社会科学》2017 年第 1 期。
③ 葛志军、邢成举：《精准扶贫：内涵、实践困境及其原因阐释——基于宁夏银川两个村庄的调查》，《贵州社会科学》2015 年第 5 期。
④ 唐丽霞、罗江月、李小云：《精准扶贫机制实施的政策和实践困境》，《贵州社会科学》2015 年第 5 期。

一方面，当代社会大规模的人口迁移流动、城镇化等社会结构变化使得原有以区域（县或村）为标的的贫困识别机制效率明显下降，对准确识别和瞄准贫困人口作用有限；在这一背景下，尽管以家庭为标的的贫困瞄准机制有助于精准识别贫困对象，但这也同时意味着大量的瞄准成本与行政资源消耗，难以避免既有社会网络、家族关系等社会因素的干扰。[①] 这些现实问题与政绩考核体系的时效性要求、贫困问题的动态变化等特征相联系，成为精准识别贫困对象的现实挑战。

3. 贫困类型与致贫原因

贫困现象复杂多样，且随时间发展变化。应精准扶贫政策和工作的需求，近年来不少研究分析探讨了我国各地贫困现象的类型和成因。张翼在江西、甘肃和安徽村庄的调研中发现，农村地区贫困人口致贫的原因主要有缺乏劳动力（老弱病残）、遭受灾害、教育支出、缺乏劳动技能或资金等。[②] 支俊立等利用多维贫困的框架考察了全国不同省份的贫困问题，研究发现，健康和教育剥夺是当前农村人口贫困问题中最为突出的成因。[③] 张琦强调了外部突发性因素对贫困影响变大的问题，指出，突发性的自然灾害、重大疾病以及交通事故和社会治安危害增大，已成

[①] 汪三贵、郭子豪：《论中国的精准扶贫》，《贵州社会科学》2015 年第 5 期；左停、徐小言：《农村"贫困－疾病"恶性循环与精准扶贫中链式健康保障体系建设》，《西南民族大学学报（人文社会科学版）》2017 年第 1 期。

[②] 张翼：《当前中国精准扶贫工作存在的主要问题及改进措施》，《国际经济评论》2016 年第 6 期。

[③] 支俊立、姚宇驰、曹晶：《精准扶贫背景下中国农村多维贫困分析》，《现代财经（天津财经大学学报）》2017 年第 1 期。

为现阶段影响贫困发生和出现返贫现象的重要原因。[①] 除此之外，该研究还指出，随着人口结构变化以及社会转型，因婚致贫也成为当代农村社区中导致贫困现象的一大现实。

张全红等就中国多维贫困状况进行了动态测算和结构分解，研究发现，在多维视角下我国长期贫困比例高于暂时贫困、高于按照收入贫困线鉴定的贫困水平；在所有类型的贫困中，教育、健康状况的影响最大，且健康状况对长期贫困的贡献高于暂时贫困。[②] 与城市相比，农村多维贫困程度更高、持续时间更长；在不同区域之间，经济发展水平较低的中西部地区的长期多维贫困程度高于东部和东北部地区。由此，该研究也强调了在贫困识别中保持多维视角的重要性。汪三贵和郭子豪对中国精准扶贫的研究中指出，收入分配不平等程度的提高、经济增长速度的下降以及农业比重的降低在不同程度上增加了贫困问题的严峻性、降低了减贫效应。[③] 这些研究成果从不同方法论和研究视角出发，强调了贫困问题的多维复杂性和动态可变性，警示精准扶贫工作应当注重当前脱贫与长期脱贫相结合，将微观贫困家庭户的帮扶与宏观社会经济制度的完善相结合，防止贫困的再生产、代际传递和延续。

尽管多数贫困现象发生在农村地区，城镇贫困现象也

---

① 张琦：《精准扶贫助推我国贫困地区 2020 年如期脱贫》，《经济研究参考》2015 年第 64 期。

② 张全红、李博、周强：《中国多维贫困的动态测算、结构分解与精准扶贫》，《财经研究》2017 年第 4 期。

③ 汪三贵、郭子豪：《论中国的精准扶贫》，《贵州社会科学》2015 年第 5 期。

是制约我国全面实现小康的重要社会现实。张全红等指出，与农村贫困相类似，城市地区也存在多维贫困问题，尽管其广度和深度略低于农村，但持续时间也很长。[①] 因而，在农村地区实施扶贫战略的同时，也应当关注城市贫困问题和贫困人口，这一点在人口快速城镇化的形势下尤为重要。

（三）扶贫措施的考察与评估

与贫困类型和主要成因相联系，现阶段我国精准扶贫工作的主要扶贫措施包括教育扶贫、产业扶贫、健康扶贫等，这些扶贫措施在各地扶贫实践中的具体效应如何，面临什么样的问题或困境？现有研究结合不同地区的调研资料，对扶贫措施的实施状况进行了考察。

1. 产业扶贫

地区经济的发展是解决贫困问题、推动全民小康实现的重要保障。中央关于精准扶贫的"五个一批"战略部署明确提出，产业扶贫是解决当前贫困问题的重要举措之一。不过，在贫困地区的具体实践中，产业扶贫对贫困人口脱贫的成效受到了一系列现实挑战，由此引发了学术界的广泛讨论。任超和袁明宝根据湖北秭归的调研结果研究指出，在贫困农村发展产业难度很大，在当前人口流动的大背景下，贫困农村的常住人口往往主要由缺乏劳动能力

---

① 张全红、李博、周强：《中国多维贫困的动态测算、结构分解与精准扶贫》，《财经研究》2017年第4期。

或技能者组成，这在客观上限制着产业的发展动力。[①] 加之，部分产业扶贫措施需要参与者在资金、技能等方面具有配套投入的能力，这也在客观上限制了部分贫困户的参与，影响了产业扶贫的实际效果。此外，产业扶贫措施难以做到精准，其扶贫效果因此而受到影响。产业发展具有规模效益和外部性，产业发展具有其自身的投入产出规律，多数产业需要长时间投入后才能实现经济效益，贫困户的参与积极性往往因此而较低。[②]

产业扶贫措施除精准性难以保证外，其实施效果还受市场等外部环境的影响。在实践中，扶贫产业的发展能否与市场接轨，实现效益是影响扶贫效果的重要方面。现有关于产业扶贫措施的调研发现，各地的扶贫产业发展存在不同程度的产销不协调、难以相互结合的问题；部分贫困地区的产业扶贫措施脱离当地现实，盲目发展，以至于出现产业定位趋同，导致产业扶贫效果难以实现的问题。[③] 针对这些现实问题，陈成文和李春根从提高产业扶贫措施的针对性和契合性出发指出，产业扶贫应当注重提高产业的抗市场风险能力，形成长效性的产业扶贫机制。[④]

根据产业扶贫的实施情况及存在问题，不少研究强

① 任超、袁明宝：《分类治理：精准扶贫政策的实践困境与重点方向——以湖北秭归县为例》，《北京社会科学》2017 年第 1 期。
② 李金祥：《创新农业科技驱动精准扶贫》，《农业经济问题》（月刊）2016 年第 6 期。
③ 陈希勇：《山区产业精准扶贫的困境与对策——来自四川省平武县的调查》，《农村经济》2016 年第 5 期；唐丽霞、罗江月、李小云：《精准扶贫机制实施的政策和实践困境》，《贵州社会科学》2015 年第 5 期。
④ 陈成文、李春根：《论精准扶贫政策与农村贫困人口需求的契合度》，《山东社会科学》2017 年第 3 期。

调，产业扶贫应当正视产业发展的自然规律和扶贫工作的持久性，进一步对贫困现象进行精准分类和方案设计，有步骤、有针对性地开展产业扶贫策略，支持有发展能力的贫困家庭率先脱贫致富。此外，产业扶贫应当注重生态环境对可持续发展、实现贫困地区持续稳步脱贫的重要性。[①]

2. 健康扶贫

现有关于贫困成因的分析已表明，健康问题是当前致贫的突出原因之一。与之相适应，健康扶贫是党中央关于精准扶贫最早提出的"四个一批"战略部署的重要组成部分。不少科学研究结果已反复表明，健康状况是影响个人经济活动能力的重要方面，健康损耗、疾病、残疾等问题不仅是贫困人口致贫的主要原因，也在相当程度上影响贫困人群贫困脆弱性、脱贫的成效和返贫风险。据国务院扶贫办的调查数据，农村贫困人口中因病致贫的比例高达四成。[②] 王黔京等在云南地区的调研中发现，连片贫困区存在突出的健康致贫问题，不仅老年人口患病和共病现象严重，由于健康教育缺失和公共卫生环境较差，劳动年龄人口患病的风险也明显较高。[③] 这些健康问题在家庭规模小型化的背景下无疑加剧了家庭贫困脆弱性、降低了其抵御风险能力。

精准扶贫措施中，健康扶贫从健全贫困人口的医疗保

---

① 李金祥：《创新农业科技驱动精准扶贫》，《农业经济问题》2016 年第 6 期。

② 张仲芳：《精准扶贫政策背景下医疗保障反贫困研究》，《探索》2017 年第 2 期。

③ 王黔京、沙勇、陈芳：《民族地区农村家庭健康现状调查与健康精准扶贫策略研究》，《贵州民族研究》2017 年第 6 期。

险和医疗救助入手，通过扩大保险和救助范围与程度，逐步控制医疗费用、提高报销范围和报销比例，以解决贫困人口的基本健康需求、就医负担和因健康原因致贫的风险。张仲芳研究发现，近年来中央财政投入大幅增加，农村地区"新农合"保障水平明显提高；不过，目前，贫困农村地区的健康扶贫实践中面临着成本快速攀升和扶贫效果仍有待提升的问题。[①] 这些问题要求健康扶贫进一步提高健康问题识别的精准度，建立和健全适应贫困人口的医疗保险支付制度，并通过分级诊疗等方式有效控制健康扶贫的医疗总成本。

各地健康扶贫实践揭示，现阶段，因病致贫问题的严峻性还表现在贫困与疾病的恶性循环中。2017 年 10 月 10 日国务院扶贫办新闻发言人苏国霞在新闻发布会上指出，[②] 因病致贫和返贫的比例近年来高居不下，2014 年相应比例为 42%，2016 年更是高达 44%。这一现状警示，扶贫政策不仅要解决现有贫困人群的脱贫，也要防范非贫困人群由于健康脆弱性陷入贫困、或已脱贫人群返贫。对此，现有研究建议，应动态识别和监测健康致贫风险，从而健全完善健康扶贫政策，有效推进精准扶贫。[③]

3. 教育扶贫

在众多复杂的贫困原因中，教育水平低下、人力资本

① 张仲芳：《精准扶贫政策背景下医疗保障反贫困研究》，《探索》2017 年第 2 期。
② http://www.gov.cn/xinwen/2017-10/10/content_5230859.htm#1.
③ 汤少梁、许可塑：《贫困慢性病患者疾病负担与健康精准扶贫政策研究》，《中国卫生政策研究》2017 年第 6 期；左停、徐小言：《农村"贫困–疾病"恶性循环与精准扶贫中链式健康保障体系建设》，《西南民族大学学报（人文社会科学版）》2017 年第 1 期。

欠缺导致的贫困现象和因教育成本高导致贫困的现象均有发生。受此影响，教育扶贫已成为现阶段解决我国贫困问题、实现精准扶贫目标的重要组成部分。现有的教育扶贫措施包括教育资助、不同类型的教育支持和发展职业教育等，这些措施为解决当前制约人口脱贫致富的教育发展因素提供了不同的扶贫方案设计，为预防和减少因贫失学、阻断代际贫困传递提供了重要支持。[①]

现有研究发现，各地的教育扶贫实践中也存在一定的问题与实施困境，这些问题不同程度地制约了教育精准扶贫的效果。殷巧研究发现，贫困地区缺乏专项资金和师资力量，这已经成为目前制约我国教育精准扶贫效果的重要原因。[②] 在一些贫困地区的扶贫实践中，资金拨付被挤占或挪用的现象不同程度地存在；加之，贫困地区的教师福利待遇整体较低、发展机会受限，导致这些地区难以吸引或留住优秀教师资源。师资问题已成为当前制约贫困地区教育扶贫发展的瓶颈。[③]

除教育资源外，不少研究讨论了当前教育体系中存在的不利于教育扶贫的因素。这些研究指出，现行教育体制中应试教育、精英教育一刀切的做法对贫困地区可能并不适宜。贯彻"精准"的教育扶贫理念，现有研究建议通过发展职业教育、成人教育、远程教育等方式，提高贫困人

---

① 代蕊华、于璇：《教育精准扶贫：困境与治理路径》，《教育发展研究》2017年第7期。

② 殷巧：《教育扶贫：精准扶贫的根本之策》，《人民论坛》2017年5月（上）。

③ 陈恩伦、陈亮：《教育信息化观照下的贫困地区教育精准扶贫模式探究》，《中国电化教育》2017年第3期。

口的脱贫致富能力，实现扶贫成果可持续。[①] 何丕洁结合贫困农村的人口教育现状，研究指出，目前不少农村地区的学龄人口在完成义务教育后面临着就业（外出打工或当地就业），因而，这些农村地区的教育设置应当进行适应其人口与经济现实的调整和改革，在义务教育之余增加职业技能的教育机会，切实改善学生未来的就业能力，实现自主致富能力建设。[②]

张彩云和傅王倩通过对比总结发达国家教育扶贫政策在解决贫困问题中的做法及其实际效应，探讨了相应政策和实践经验对我国教育精准扶贫的启示。[③] 该研究指出，美国二战后颁布实施的《中小学教育法》，通过教育经费调控推进贫困地区的教育发展；另外，包括美国在内的一些发达国家针对贫困地区的教育发展推行专项计划，提高贫困地区教师待遇、吸引教师到贫困地区任教、保证其教育质量。日本二战初开始实施的教师交流轮岗制度，通过对交流轮岗的教师提供不同类型的津贴和补助，鼓励和吸引教师到不同地区轮岗；与此同时，出台配套政策考虑和解决轮岗教师的家庭因素与实际需求。这些国际经验为我

---

① 陈成文、李春根：《论精准扶贫政策与农村贫困人口需求的契合度》，《山东社会科学》2017年第3期；陈恩伦、陈亮：《教育信息化观照下的贫困地区教育精准扶贫模式探究》，《中国电化教育》2017年第3期；陈辉、张全红：《基于多维贫困测度的贫困精准识别及精准扶贫对策》，《广东财经大学学报》2016年第3期；邓秀华：《"精准扶贫"与农村成人教育的"精准"发展——以四川某国家级贫困县为例》，《中国成人教育》2016年第15期；何丕洁：《对职业教育精准扶贫问题的思考》，《教育与职业》2015年第30期。

② 何丕洁：《对职业教育精准扶贫问题的思考》，《教育与职业》2015年第30期；类似研究结论另见朱爱国、李宁：《职业教育精准扶贫策略探究》，《职教论坛》2016年第1期。

③ 张彩云、傅王倩：《发达国家贫困地区教育支持政策及对我国教育精准扶贫的启示》，《比较教育研究》2016年第6期。

国发展贫困地区的教育、保障教育质量，进而阻断贫困代际传递提供了重要的方向指导。

综上，现有关于教育扶贫的研究强调各教育阶段的改革和发展，就贫困地区和贫困人口针对性地完善教育体制。在义务教育阶段，推动教育资源的优质均衡发展，注重素质教育；在后义务教育阶段，发展特色教育和专业教育，针对性地为农村学生就业和创业培养必要的技能。[①]重视在各教育阶段通过完善和优化资助体系，预防因贫失学现象的发生。

4. 其他扶贫措施

除上述产业扶贫、健康扶贫和教育扶贫措施外，精准扶贫的政策设计和实施中还积累了其他的重要扶贫措施和经验，如易地搬迁、劳务输出、社会兜底等措施。针对不同扶贫措施的实施效果和潜在问题，陈成文和李春根通过梳理分析，着重强调了扶贫措施与贫困人口需求相契合的重要性。[②]该研究指出，易地搬迁扶贫需要注重搬迁后的社会适应性和经济融合性；劳务输出的扶贫措施，应当提升贫困对象的职业技能，通过技能教育和培训增强其自我发展能力；社会保障扶贫措施则主要以解决后顾之忧、实现社会兜底的保障效应为特征，对难以通过其他扶贫措施实现脱贫的贫困群体提供满足其基本需求的保障。唐钧强调，脱贫过程不是一蹴而就的，精准扶贫需要注重其"可

----

① 王嘉毅、封清云、张金：《教育与精准扶贫精准脱贫》，《教育研究》2016年第7期。

② 陈成文、李春根：《论精准扶贫政策与农村贫困人口需求的契合度》，《山东社会科学》2017年第3期。

持续"性。^① 对低保救助而言，为促进扶贫措施的可持续性，可以通过建立"个人发展账户"等方式来达到"资产建设"的目的，为可持续发展创造条件。

此外，精准扶贫中重视普惠性的扶贫措施，如改善交通条件、改革和完善职业技能培训体系等，不仅可以减少贫困对象识别和定位的行政成本，而且有助于避免因政策排斥而产生新的贫困问题。^②

综上所述，自 2013 年"精准扶贫"的概念首次被提出以来，精准扶贫的政策设计和工作部署一再展示了党和政府对扶贫攻坚工作的重视以及实现全民脱贫致富的决心。诚如上百年来世界各国解决贫困问题的实践以及科学研究所揭示的，消除贫困是一项艰巨而复杂的社会使命，我国现阶段实施的精准扶贫也不例外。在短短四五年的时间内，精准扶贫在取得重大成效的同时，也不同程度地暴露了扶贫面临的现实问题与挑战。

现有关于精准扶贫的学术研究，在总结精准扶贫经验的同时，对各地扶贫实践中暴露的问题进行了分析和探讨，这些研究成果为进一步完善精准扶贫的政策设计、推动全面实现小康目标积累了重要的经验资料。不过，由于各地贫困现象复杂多样，精准扶贫政策在各地实践中面临的问题与挑战也不尽相同，现有的研究发现难以全面反映各地贫困现象的具体特征及其深层次原因，这一现状也在

---

① 唐钧：《精准扶贫需在"可持续"上狠下功夫》，《人民论坛》2017年1月（上）。
② 刘辉武：《精准扶贫实施中的问题、经验与策略选择》，《农村经济》2016年第5期。

客观上不利于精准扶贫的有效实施。为推动各地扶贫攻坚的顺利开展、促进全民小康目标的早日实现，进一步深入了解各地的贫困问题和精准扶贫实施状况，进行精准扶贫的调查和科学研究具有重要的现实意义。这些调查研究也是积累和总结扶贫经验、推动国际社会贫困研究发展的重要组成部分。

第三节　研究设计

为了系统、深入地了解我国贫困人口的现状，考察现阶段贫困问题的特征、成因及其变化趋势，本研究在对全国贫困区域特征分析的基础上，选取了典型的贫困山区进行实地调研。在调研中，结合问卷调查和深入访谈收集了村庄和村民的贫困状况、扶贫措施等数据信息，重点考察调研地区在精准扶贫政策实施以来贫困问题的变化趋势和脱贫成效。

具体而言，本研究设计如下。首先，利用近年来国家统计局发布的全国区域社会经济和人口统计资料，分析贫困地区的基本特征，对比贫困地区与非贫困地区在自然条件、社会经济、人口特征等方面的差异，考察不同贫困特征的地区发展速度的差异及其可能的影响因素。通过对比这些地区在精准扶贫政策实施前后的特征及其发展状况，系统地展示现阶段我国贫困地区的人口、社会、经济发展特征，讨论贫困地区与非贫困地区发展动力的差异及其深层次原因。

其次，在典型的贫困山区选取案例村庄进行实地调研。利用结构式问卷调查和非结构式深入访谈，收集以下方面的信息并深入分析贫困问题及扶贫现状：1）收集村庄人口与社会经济发展状况等信息，分析村庄人口贫困水平及其演变趋势、致贫的主要原因、扶贫项目开展情况及其成效，了解该村脱贫攻坚面临的主要问题和障碍；2）收集家庭户和村民的详细信息，了解家庭贫困发生情况，对比村庄内贫困户和非贫困户在主要家庭特征、家庭成员基本状况、社会经济活动等方面的差异；3）通过深入访谈了解典型贫困户的贫困史、致贫原因及其在精准扶贫政策实施期间的主要变化，剖析制约其脱贫致富的主要障碍。

此外，收集案例村庄周边村落的贫困状况及扶贫进展信息。对比分析贫困山区贫困特征的一般性与特殊性，探讨典型的致贫原因和脱贫障碍。在此基础上，进一步探讨贫困山区脱贫致富的关键问题和可行路径，为其他具有类似特征的革命老区、贫困山区的脱贫策略提供应有的借鉴。

本研究报告的结构安排如下：第一章介绍研究的背景、意义、研究现状和本研究的设计，第二章介绍贫困问题与国家扶贫计划，着重分析中国重点贫困县的基本特征、发展状况和潜在发展动力，与非贫困县进行对比；第三章和第四章结合精准扶贫的调研案例，分析调研地（包括所在县和案例村庄）的自然条件、社会经济发展状况、贫困发生情况及其主要特征，剖析当地贫困现象的主要类型、成因及扶贫措施实施效果。第五章结合案例村庄周边村落的贫困问题与扶贫现状，对比分析各村落贫困问题的共性与特性，探讨贫困山区当前贫困问题的一般性和特殊性。第六章在总结调研发现的基础上，针对现阶段贫困山区脱贫面临的主要问题和障碍，探讨可能的脱贫路径。

第二章

贫困问题与国家扶贫计划

第一节　国家扶贫计划

一　国家扶贫计划的意义

世界各国关于贫困问题的关注由来已久。早在 19 世纪下半叶，著名社会理论家、经济学家亨利·乔治（Henry George）在其经典著作《进步与贫穷》中对工业社会的贫困问题进行了哲学思辨，并就贫困问题的缓减和消除提出了开创性的政策建议。[①] 时至今日，该巨著的思路和观点

[①]　Henry George, *Progress and Poverty: Why There Are Recessions, and Poverty amid Plenty—and What to Do about It!* (originally published in 1879) Edited and abridged for modern readers by Bob Drake, the Robert Schalkenbach Foundation (2006). Electronic version available at: http://www.henrygeorge.org/pcontents.htm.

仍对世界各国经济学家、社会理论家、实业家以及政策制定者产生着深刻的影响。当代社会，无论是发达国家或是发展中国家，贫困现象几乎普遍存在。各国关于贫困问题已形成基本共识：发展经济是缓减贫困问题的重要途径，然而，贫困问题并不会因经济发展程度的提高而自然消失。[①] 一个国家的社会结构、制度等因素是影响贫困发生的重要方面，因而，国家制度体系建设和扶贫政策决策对于贫困问题的缓减与消除极为关键。

在过去的一个世纪里，越来越多的国家和地区、国际组织以及社会团体致力于消除贫困问题。具体的措施包括，改善基础设施、发展经济（如调整产业结构、增加技术等投入、提高生产力）、增加就业、改善社会福利等。到目前为止，不同国家和地区的贫困发生情况、扶贫成效仍存在明显的差异。拉瓦雷（Ravallion）对比了1981~2005年期间中国、印度和巴西三国针对贫困问题采取的措施及其扶贫成效。[②] 研究认为，在考察期间，中国解决贫困问题的国家策略主要以发展经济为基本特征，具体策略中考虑了地区发展不平衡性因素，发展措施侧重于对消除贫困问题的倾斜。与之相对，这一时期巴西应对贫困问题的主要策略是依靠社会福利政策来减贫；

[①] Claire Melamed, Renate Hartwig, and Ursula Grant, "Jobs, Growth and Poverty: What Do We Know, What Don't We Know, What Should We Know?" London: Overseas Development Institute working paper, 2011, available at: https://www.odi.org/publications/5752-jobs-growth-and-poverty-what-do-we-know-what-dont-we-know-what-should-we-know.

[②] Martin Ravallion, "A Comparative Perspective on Poverty Reduction in Brazil, China, and India". *The World Bank Research Observer* 26, 1 (2009), pp. 71–104.

印度的国家扶贫策略也以发展经济为主，但相对而言，其经济发展策略缺乏对贫困问题的倾斜或侧重。由于这些国家扶贫计划的不同，其减贫效果也有明显差异。按照国际贫困标准进行标准化，1981~2005 年期间，中国贫困发生率由 84% 下降到 18%（按照 2008 年人均消费支出不足 1.29 美元／天的标准进行购买力平价转化后估算），下降约 66 个百分点；与之相比，更早进入中等收入国家行列的巴西贫困发生率从 17% 下降到 8%，印度贫困发生率由 80% 下降到 42%。

上述经验数据表明，经济发展与社会制度安排是消除贫困问题的重要举措，二者在实践中具有一定程度的互补性，但这些举措对于解决贫困问题均不可或缺。世界各国的贫困发生率及其发展变化趋势呈明显差异，这不仅反映各国经济发展水平的差异，也在很大程度上与这些国家的社会结构、制度安排等因素密切相关。国家扶贫计划的设计与实施，已成为现代社会解决贫困问题的必要举措，它不仅是社会发展成果在社会成员之间共享的基本体现，而且关系一个国家能否实现持续稳定的发展。

二 新中国国家扶贫计划的沿革

国家扶贫计划并非一成不变。随着社会经济发展阶段和贫困特征的演变，国家扶贫计划往往也需要进行与之相适应的设计和调整。新中国成立以来，我国各时期的贫困人口特征及其贫困原因经历了一系列重大演变，中央政府关于贫困问题的应对策略也因此而呈现明显的时代性特征。

1. 经济建设和平均分配为主的阶段

新中国成立之初，受长时期战争和社会动荡的影响，我国人口贫困发生率在相当长的一段时期内持续高于80%（依照国际贫困标准估算）。大范围、高发性的贫困问题，反映了当时生产力水平低下、整个国民经济基础薄弱、综合国力发展程度低的客观现实。这一时期，中央政府关于解决贫困问题的基本思路为改造和建设社会主义经济体系。

20世纪50~70年代，中央政府先后出台了一系列致力于发展经济的政策措施。[1] 从新中国成立初期的社会主义改造，到经济恢复发展时期一系列发展农业和重工业的政策，反映了相应时期国家大力发展经济的战略谋划。在实践过程中，这些发展措施受极"左"思潮、计划激进以及国际环境等因素的影响，其实施效果经历了起伏和波折；与之相适应，这一阶段国家关于发展经济以缓减贫困的实际成效也相对受限。[2]

值得一提的是，在新中国成立之初，社会主义初级阶段社会生产和生活呈现浓厚的平均主义色彩。较为典型的如

---

[1] 管汉晖、林智贤：《"五年计划"和中国经济发展历程》，《中国经济》2011年4月刊；中共中央文献研究室编《建国以来重要文献选编》，中央文献出版社，2011。

[2] "二五"计划时期受"大跃进"运动的影响，贫困问题非减反增；此后"三五"计划、"四五"计划时期经济建设重心的转移，也在客观上制约了国家扶贫计划的实际扶贫效果。

"人民公社化"、"三五"计划时期的"三线"建设[①]等政策决策，在当时生产力水平低下的发展条件下，为避免地区经济发展水平过度悬殊、缩小国民收入差距、减少和平时期因贫困而导致的疾病与死亡等灾难性后果起到了客观保护作用。

2. 经济与社会发展并举的阶段

进入20世纪80年代以后，随着国内外局势逐渐和平与稳定，国民经济发展重新转入正轨；与此同时，社会发展也开始受到重视。这一时期，国家扶贫计划开始由发展经济为主转为注重经济和社会协调发展。随着20世纪70年代末开始的改革开放和社会经济各领域一系列改革措施[②]的实施，包括农村实行的家庭联产承包责任制，乡镇企业、城镇私营经济的发展以及一系列税收、财政、价格体系、用人制度、教育卫生等方面的改革，国民经济焕发生机、社会发展进入了空前迅速的新阶段。以"六五"计

---

① "三线"建设是20世纪60年代中央政府为应对日益紧张的国际局势而制定的一项重大战略决策。所谓"三线"是指当时按照经济发展状况和国防前沿依次收缩的三道线，一线地区为位于沿边沿海的前线地区，二线地区是一线地区与京广铁路之间的安徽、江西、河北、河南、湖北、湖南东部；三线地区为其余包括中西部省区及一、二线地区的后方腹地的广大地区。根据该决策，1964年起中央政府在中西部地区的13个省、自治区进行以战备为目的的国防、科技、工业和交通基本设施建设。这一建设为中西部地区的工业发展做出了巨大贡献，也在客观上为缩小各地区的发展差距发挥了重要作用。

② 20世纪80年代前后，我国在社会经济各领域实施了一系列重要的改革，这些改革措施对国民经济发展以及贫困现象的演变均具有深刻的影响。具体的改革措施包括：1）国有企业实行"利改税"，调动其生产积极性和发展活力，2）财政体系开启中央和地方分税制，发挥中央和地方两个积极性；3）农村实行联产承包责任制，调动农民生产积极性；4）农产品和蔬菜购销制度市场化改革，尊重市场规律、发挥市场优势；5）改革购销、流通体制和价格管理体制，鼓励不同所有制、不同经营方式共同发展，发挥市场调控优势，最大限度地促进生产经营各环节的积极性）；6）改革工资、劳动制度，打破平均主义和大锅饭的分配局面，以劳动合同制度替代原有的统一分配和铁饭碗的用人制度，促进效率与公平的兼顾。

划时期（1981–1985 年）为例，社会经济的发展使得全国农民纯收入年增长率达 14.1%，职工工资年增长 12.3%，创造了新中国成立以来社会经济发展的第一个黄金时期。绝对贫困现象的发生率在这一阶段开始出现大幅下降，贫困范围缩小，并开始呈现区域性特征。

与历史原因、自然条件的地区差异以及社会经济发展不均衡等因素相联系，20 世纪 80~90 年代开始，东部沿海地区率先走上快速发展和富裕的道路，我国的贫困问题开始更多地集中在内地和中西部地区。边远地区、山区、民族地区、革命老区的发展状况在全国范围内处于最为困难之列，其贫困问题多发且高发。针对这些特征，1986 年，中央政府调整国家扶贫开发政策，在中央和地方各级政府首次正式设立专门的扶贫机构。按照每人每天 2100 大卡热量的最低营养需求，并结合我国低收入人群的消费结构，测算确立了新的贫困标准，即人均年收入 206 元以下属于绝对贫困。新的贫困标准比原有的人均年收入 150 元的标准有了明显提高。同一时期，中央政府根据各地的发展状况和贫困发生情况，核定 271 个县为国家级贫困县。这些县主要分布在革命老根据地、少数民族地区、边远山区等地区，凸显了"老少边"地区贫困问题的特殊严峻性。

1986 年以后，国家级贫困县一直是我国扶贫工作的重点对象。根据各县的发展情况，贫困县的名单和数量也进行过一些必要的调整和变更。1994 年，国家启动"八七"扶贫攻坚计划，按照"4 进 7 出"的原则将人均收入低于 400 元的县全部纳入国家级贫困县，人均收入高于 700

元的县则不再列入国家级贫困县。此后，国家级贫困县（2001 年以后改称"国家扶贫工作重点县"）数量一直维持在 592 个，尽管其具体名单随时间有所调整。[①]

从 20 世纪 80 年代后期到 21 世纪初，国家扶贫计划除大力发展社会经济、加快基础设施建设等措施以外，还先后实施了一系列专门的扶贫措施，包括重点投放扶贫资金、扶持扶贫开发项目、建立城乡居民最低生活保障制度[②]和农村特困户救助制度等。国民经济发展的"九五"计划中，首次将消除贫困明确列入发展规划，制定了到 2000 年"实现人均国民生产总值比 1980 年翻两番；基本消除贫困现象，人民生活达到小康"的战略计划和发展目标。这些战略规划和政策决策的实施，使得全国贫困人口数量按照原贫困标准估计减少 6 亿以上，国家扶贫计划取得了令人瞩目的成效。

3. 公共服务与民生事业快速建设的新阶段

进入 21 世纪以来，随着市场经济体制的深入发展，尤其是市场经济在"效率优先、兼顾公平"的原则指导下，国家鼓励有条件者通过诚实劳动率先致富，这一时期我国居民的收入和财富差距不断扩大。这些差距不仅发生在地区间、城乡间，而且发生在社会经济活动的不同部门、行业和领域。日趋扩大的收入差异，与市场经济对重要社会

---

① http://www.chinanews.com/cj/2011/11-29/3492643.shtml.

② 最低生活保障制度最早在北京、天津、上海、广东、浙江实施，2004 年起，先后有一些其他省份开始实行城乡低保制度。其中，江苏、福建、辽宁于 2004 年开始设立农村低保制度，吉林、河北、海南、四川、山西 5 省于 2005 年开始设立农村低保制度，内蒙古、山西、黑龙江、江西、山东、河南、湖南、重庆、甘肃等 9 省（自治区、直辖市）开始设立农村低保制度。此后，其余 11 省份先后设立了农村特困户救助制度。两种制度双轨运行，成为实现全民社会保障的重要基石。

产品的配置作用一道，催化了医疗卫生、教育、住房等基本生活成本的迅速攀升；新的贫困问题产生，并开始成为社会持续发展的障碍。针对这些问题，国家扶贫计划强化了对公共服务均等化和民生问题的关注。

在医疗卫生领域，2003年起，新型农村合作医疗保险计划开始试点，并逐步推广。这一医疗保险计划是人民公社制度下旧的农村合作医疗体系瓦解数十年后，全国范围内针对农村居民建立的全新的、全面覆盖的医疗保险制度。到2008年，新型农村合作医疗制度基本普及。与这一制度相配套，中央政府要求各级政府增加投入，加强以乡镇卫生院为重点的农村基础设施建设，健全农村三级医疗卫生服务和医疗救助体系。[①] 这些制度和政策举措的实施，对于缓减农村地区因疾病导致贫困具有重要的战略意义。类似的，2005年起，城镇地区针对不同类型的非在业人员试点设立城镇居民基本医疗保险制度；此后，城镇居民基本医疗保险制度快速发展，实现了对全国城镇地区的制度性全覆盖。城镇居民基本医疗保险制度与20世纪末改革完善后的城镇职工医疗保险制度、新型农村合作医疗保险制度一道，在制度上首次完善了我国社会医疗保险体系。这些社会医疗保险制度的设立和不断完善，在"看病难、看病贵"日趋严峻的现实面前，为社会成员满足基本医疗需求、缓减城乡居民因病致贫问题提供了重要的保障。

在教育领域，2006年起，西部地区率先实行农村义

---

① 2005年12月31日《中共中央国务院关于推进社会主义新农村建设的若干意见》，参见 http://www.gov.cn/gongbao/content/2006/content_254151.htm。

务教育阶段学生全部免除学杂费，贫困家庭学生免除课本费并补助寄宿学生生活费。[1]2007 年，"两免一补"政策在全国普遍推行。此外，2005 年 12 月 31 日《中共中央国务院关于推进社会主义新农村建设的若干意见》明确提出，要"加快建立政府扶助、面向市场、多元办学的培训机制"，大规模开展农村劳动力技能培训，发展农村职业教育和成人教育。这些政策对于缓减因贫失学、阻断因教育缺失而导致代际贫困传递等问题具有重要的意义。

除此之外，2000 年起开始试点并逐步推广实施的农村税费改革、[2]"两减免、三补贴"政策、[3]2006 年开始的废除

---

① 2005 年 12 月 31 日《中共中央国务院关于推进社会主义新农村建设的若干意见》，参见 http://www.gov.cn/gongbao/content/2006/content_254151.htm。

② 农村税费改革于 2000 年从安徽开始试点，按照"减轻、规范、稳定"的目标要求，取消乡统筹费，取消农村教育集资等专门面向农民征收的行政事业性收费和政府性基金；取消屠宰税，取消统一规定的劳动积累工和义务工；调整农业税和农业特产税政策，设定农业税税率不超过 7%；改革村提留征收使用办法，以农业税征收额的 20% 为上限征收农业税附加，同时取消原来的村提留；并配套推进乡镇机构、农村义务教育和县乡财政管理体制等改革。在试点扩大和不断调整完善的基础上，2003 年，农村税费改革在全国范围内全面推开。

③ 2003 年 12 月 31 日，中共中央国务院发布《关于促进农民增加收入若干政策的意见》，强调做好农民增收工作的总体要求，要求"坚持'多予、少取、放活'的方针，调整农业结构，扩大农民就业，加快科技进步，深化农村改革，增加农业投入，强化对农业支持保护，力争实现农民收入较快增长，尽快扭转城乡居民收入差距不断扩大的趋势"。参见：http://www.gov.cn/gongbao/content/2004/content_63144.htm。2004 年 12 月 31 日，《中共中央国务院关于进一步加强农村工作提高农业综合生产能力若干政策的意见》进一步强调加大"两减免、三补贴"等政策的实施力度，强调对种粮农民实行直接补贴、对部分地区农民实行良种补贴和农机具购置补贴的重要意义。《意见》部署了 2005 年"在国家扶贫开发工作重点县实行免征农业税试点，对其他地区进一步降低农业税税率。在牧区开展取消牧业税试点"的战略计划，安排中央财政专项转移支付对因农（牧）税减免造成的财政收入下降进行适当补助。参见：http://www.gov.cn/gongbao/content/2005/content_63347.htm。2005 年 12 月 31 日《中共中央国务院关于推进社会主义新农村建设的若干意见》，强调了"十一五"规划期间建设社会主义新农村的战略重要性。《意见》进一步深化了支农惠农政策决策，强调以工促农、以城带乡的发展战略，部署了建立相应长效发展机制的工作。参见：http://www.gov.cn/gongbao/content/2006/content_254151.htm。

农业税制度，① 以及此后大规模的农村综合改革② 的推行，对于缓减农民负担、缩小城乡差距、促进共同富裕目标的实现均具有重要的政策意义。"十一五"时期，中央政府在加快社会主义新农村建设中强调，要重点解决农民在饮水、行路、用电和燃料等方面的困难，并逐步建立农村社会保障制度；要求不断"完善农村'五保户'供养、特困户生活救助、灾民补助等社会救助体系"，"探索建立农村社会养老保险制度"，在有条件的地方"积极探索建立农村最低生活保障制度"。这些制度的实施极大地改善了民生状况，推动了扶贫事业的发展。

2011 年，中共中央、国务院印发的《中国农村扶贫开发纲要（2011-2020 年）》③ 中明确指出，随着《国家八七扶贫攻坚计划（1994-2000 年）》和《中国农村扶贫开发纲要（2001-2010 年）》的实施，扶贫事业取得了巨大成就，生存和温饱问题已基本解决；在这一背景下，新时期扶贫工作的总体目标是"到 2020 年，稳定实现扶贫对象不愁吃、不愁穿，保障其义务教育、基本医疗和住房。贫困地区农民人均纯收入增长幅度高于全国平均水平，基础公共服务主要领域指标接近全国平均水平，扭转发展差距扩大趋势"。围绕这一目标，中央政府要求坚持开发式扶贫方针，"把扶贫开发

---

① 中央决定,2006 年 1 月 1 日起废止《农业税条例》,全国农村彻底取消农业税。
② 农村综合改革试点始于 2005 年,其主要目标在于巩固农村税费改革的成果、促进农民减负增收和农村公益事业发展、全面推进社会主义新农村建设。具体内容包括：推进乡镇机构、农村义务教育和县乡财政管理体制改革,建立精干高效的农村管理体制和运营机制、覆盖城乡的公共财政制度、政府保障的农村义务教育体制等。
③ http://www.gov.cn/gongbao/content/2011/content_2020905.htm.

作为脱贫致富的主要途径，鼓励和帮助有劳动能力的扶贫对象通过自身努力摆脱贫困；把社会保障作为解决温饱问题的基本手段，逐步完善社会保障体系"。《纲要》中明确提出，要推动包括易地扶贫搬迁、整村推进、以工代赈、产业扶贫、就业促进、扶贫试点和革命老区建设等在内的专项扶贫计划；推动行业扶贫，调动各行业部门的积极性，"把改善贫困地区发展环境和条件作为本行业发展规划的重要内容，在资金、项目等方面向贫困地区倾斜"；推动社会扶贫，鼓励、引导和支持不同类型的单位、社会团体和其他社会力量参与定点扶贫，推动不同地区间的扶贫协作。

根据新时期贫困问题的基本特征，2011 年中央政府修订了贫困线标准。新的贫困标准为按照 2010 年不变价格计算农村居民人均纯收入 2300 元，该标准与 2009 年和 2010 年实施的贫困标准（1196 元）相比提高了近一倍（92%）。新的贫困标准的确定使得国家扶贫计划的目标群体明显上升，这一方面意味着国家扶贫计划的任务更加艰巨，另一方面，也体现了中央政府对脱贫攻坚、实现共同富裕的坚定决心。

4. 脱贫攻坚与精准扶贫的开启

2013 年底，党中央针对脱贫攻坚阶段的贫困问题分布的具体特征以及扶贫工作中存在的困难与挑战，提出"精准扶贫"的思想，并对国家扶贫计划进行了相应的部署。"精准扶贫"方略在原有国家扶贫计划的基础上，进一步强调扶贫对象识别的精准化，扶贫项目设计、执行和管理各环节的精准化，力求实现精准脱贫。这一部署将扶贫计划的设计和实施精准到户，为解决扶贫攻坚阶段贫困个体、贫困家庭和贫困地区可能存在错位的问题提供了应对策略。

随着国家扶贫计划的定位和工作部署向贫困村、贫困户下沉，精准扶贫政策要求对贫困对象识别具体的贫困类型和贫困原因，在此基础上实施针对性的扶贫措施。精准扶贫开启后，国家扶贫计划在人力、物力、财力等方面的动员和投入达到了新的高峰，其社会影响和扶贫效应均令世人所瞩目。2017年10月10日，国务院扶贫办主任刘永富在国务院新闻办举办的关于十八大以来脱贫攻坚进展成就的新闻发布会上汇报指出，[①] 自十八大以来，我国扶贫工作已探索并基本形成了产业扶贫、劳务扶贫、金融扶贫、科技扶贫、交通扶贫、外交扶贫、电力扶贫、卫生扶贫、水利扶贫、文化扶贫、林业扶贫等定点扶贫品牌；年均脱贫人数超过1300万人。2017年，全国贫困县的数量实现了历史上首次下降，井冈山和兰考县已脱贫，另有一批贫困县也将于年内宣布脱贫。

精准扶贫政策承继《中国农村扶贫开发纲要（2011–2020年）》提出的扶贫脱贫目标，致力于在现有贫困标准下于2020年彻底消除贫困问题，实现全民小康。为此，未来3年内，国家扶贫计划仍承载着艰巨的任务和期盼。要实现这一脱贫攻坚目标，不仅需要相关部门贯彻执行既有的精准扶贫方略，而且离不开关于精准扶贫政策实施情况的科学分析与总结，以期及时发现实践中存在的问题、总结问题，并有效解决问题。

① http://www.gov.cn/xinwen/2017–10/10/content_5230859.htm#1.

第二节 贫困问题的区域特征

自 20 世纪 80 年代起，贫困问题的区域特征日趋突出，国家扶贫计划也对贫困问题的地域特征这一基本国情予以足够重视。1986 年，中央政府根据贫困问题的分布特征，确定了国家级贫困县，包括连片特困县[①]和其他贫困县；这些贫困县具有典型的贫困人口多、贫困发生率高、基础条件差等特征。此后的三十年间，国家级贫困县在国家扶贫计划中占据了重要的位置，这些地区的贫困问题不仅具有典型性，而且具有一定的持久性和顽固性。时至今日，国家级贫困县的脱贫问题已成为关系我国扶贫计划能否顺利完成、全民小康能否如期实现的关键所在。

为了系统深入地了解国家级贫困县的特征及其发展状况，特别是精准扶贫政策实施前后的变化特征，本节以下部分结合国家统计局公开发布的县级社会经济及人口统计资料，分析贫困县与非贫困县在不同社会经济指标中存在的差异及其动态趋势。

---

① 包括六盘山区、秦巴山区、武陵山区、乌蒙山区、滇桂黔石漠化区、滇西边境山区、大兴安岭南麓山区、燕山—太行山区、吕梁山区、大别山区、罗霄山区等区域，以及西藏、四省藏区、新疆南疆三地州等 14 个片区；相关政策可参见中共中央国务院印发的《中国农村扶贫开发纲要（2011-2020 年）》。

一 国家扶贫工作重点县的基本特征

表 2-1 展示了 2010 年全国 581 个[①] 国家扶贫工作重点县的主要社会经济特征。国家扶贫工作重点县主要分布在中西部地区的山区、少数民族聚居区及其他基础条件发展水平低的地区；这些县的行政区域面积合计约 240 万平方公里，在我国国土总面积中占到 1/4 左右。

表 2-1 2010 年国家扶贫工作重点县主要人口与社会经济特征

指标	单位	2009 年	2010 年	2010 年为 2009 年（%）
县（市）个数	个	581	581	100
行政区域土地面积	平方公里		2403300	
年末总户数	户	67516730	68878920	102
其中：乡村户数	户	50284368	51218022	102
年末总人口	万人	23285	23623	102
城镇人口	万人	3362	3538	105
乡村人口	万人	19923	20085	101
平均户规模	人 / 户	3.4	3.4	
城镇	人 / 户	2.0	2.0	
乡村	人 / 户	4.0	3.9	
乡村从业人员数	人	108934579	110333320	101
其中：农林牧渔业	人	68635994	67971081	99
乡村人口从业比例	%	54.7	54.9	
其中：非农从业比例	%	37.0	38.4	

资料来源：《中国县域统计年鉴（2011）》，表中部分数据是根据该数据集公布的指标计算而得。

2010 年，国家扶贫工作重点县的人口总量约为 2.36 亿，约占全国总人口的 17.6%。其中，约有 85% 的人口为乡村人

---

① 未包括 11 个市属区，这些市属区未包括在全国县域社会经济统计中。表 2-1 中数值反映国家扶贫工作重点县的主要人口及家庭户特征，由于相应人口和家庭户指标未在贫困监测中涵盖和收集，因而目前可得的最新信息为 2010 年度数据。

口，贫困县的人口城镇化水平较低。与城镇相比，乡村户规模较大。2010年乡村平均户规模约为3.9人，相当于城镇平均户规模的两倍左右。在贫困县大规模的乡村人口中，多数人（约有55%）从事生产经营活动，但其从事非农生产经营活动的比例不高，在乡村从业人员总数中占比不足四成。

与2009年相比，2010年国家扶贫工作重点县的人口规模、从业人数均有所增加。其中，城镇人口比重上升幅度较大，约上升了5%；农村人口中从事非农生产经营者的比重也有明显的上升。

二 国家扶贫工作重点县的社会经济发展状况及发展差距

为了系统了解贫困县的发展特征，对比贫困县与全国其他县域在社会经济等方面的发展差距，本节以下部分首先按照地貌特征分类对比全国不同县域的主要社会经济特征及其发展状况。

表2-2所示为《中国县域统计年鉴》统计的2010年不同类型县域的社会经济特征。由表2-2可见，全国处于平原、丘陵和山区的县分别约31%、26%和43%，不同类型的县域中人口分布特征存在较大差异，平原和丘陵县的人口密度明显高于山区。2010年，平原县的人口密度约每平方公里149人，丘陵县的平均人口密度为每平方公里146人；与之相比，山区的县域平均人口密度仅约每平方公里75人。国家扶贫工作重点县的人口密度介于山区和其他区域之间，每平方公里约98人。

表2-2 2010年按地貌特征划分的全国县域及国家扶贫工作重点县主要社会经济特征

指标	平原		丘陵		山区		贫困县	
	2010年	比2009年增长（%）	2010年	比2009年增长（%）	2010年	比2009年增长（%）	2010年	比2009年增长（%）
县（市）个数（个）	648	0.0	534	0.0	895	0.0	581	0.0
行政区域土地面积（平方公里）	2607632	0.0	2031845	0.0	4236820	0.0	2403300	
年末总人口（万人）	38904	1.1	29663	1.3	31798	1.3	23623	1.5
人口密度（人/平方公里）	149.2	1.7	146.0	3.7	75.1	3.6	98.3	3.7
城镇人口比重（%）	19.6		19.3		17.1		15.0	
平均户规模（人）	3.3		3.2		3.4		3.4	
城镇平均户规模（人）	2.4		2.1		2.2		2.0	
乡村平均户规模（人）	3.7		3.6		3.8		3.9	
乡村人口从业比例（%）	55.1	0.6	55.3	1.0	55.6	0.4	54.9	0.5
乡村从业人口非农就业比例（%）	50.2	3.1	46.9	2.1	40.8	2.4	38.4	2.3
农业从业者人均拥有的机械总动力（千瓦特）	4.7		3.0		2.1		2.2	
第一产业增加值（万元）	148974611	15.6	103502069	15.8	89950180	14.3	59356028	15.7

指标	平原		丘陵		山区		贫困县	
	2010年	比2009年增长（%）	2010年	比2009年增长（%）	2010年	比2009年增长（%）	2010年	比2009年增长（%）
第二产业增加值（万元）	559263018	21.5	368038616	23.6	258820732	22.5	121103192	26.8
第一、第二产业增加值之比	1/4		2/7		1/3		1/2	
人均地方财政一般预算收入（元）	1439	30.2	1154	25.4	896	26.9	562	29.7
城乡居民人均储蓄存款余额（元）	14751	16.1	11919	15.3	9559	18.5	6666	18.9
本地电话年末用户覆盖率(%)	60.5	-5.0	50.7	-5.3	47.3	-2.5	35.3	-2.4
每万人中普通中学在校生数（人）	558	-1.9	532	-3.6	564	-3.9	575	-4.1
每万人中中小学在校生数（人）	741		687		793		872	
每万人对应的医院、卫生院床位数（张）	24	7.8	23	6.3	24	8.1	20	8.1

资料来源：《中国县域统计年鉴（2011）》。

贫困问题与国家扶贫计划

不同类型县域的人口结构和分布特征差异明显。2010年，全国地处平原、丘陵和山区的县域中人口城镇化水平分别为19.6%、19.3%和17.1%；与之相比，国家扶贫工作重点县的人口城镇化水平（15%）明显更低。与城镇化水平最低的山区县的平均水平相比，仍低2个百分点左右。除此之外，贫困县人口的社会形态也与其他县域存在重要差异。平均而言，国家扶贫工作重点县人口的平均户规模相对较大，其农村人口的户规模（3.9人）高出其他县域；不过，值得注意的是，贫困县的城镇人口平均户规模（2人）明显偏小，低于平原、丘陵及山区各类县的城镇平均户规模。这一人口分布与户规模的地区差异，在一定程度上隐含了贫困县在人口与家庭结构等方面的特殊性。在贫困县的广大农村地区，人口户规模相对较大，可能反映了相应地区社会文化相对传统的现状。而这些贫困县的城镇地区平均户规模仅约2人，极有可能是由于相当比例的单人户存在。这些单人户的具体特征如何，相应人口特征如何影响当地脱贫致富目标的实现？这些问题还有待进一步的系统研究考察，本章下一节将尝试从县级层次进行多因素分析，初步探讨贫困县贫困的根本性原因。

除人口特征外，贫困县与其他不同类型县域的经济发展状况也存在明显的差异。首先，贫困县的人口就业结构与其他县域不同。在表2-2所示的各类县域中，乡村人口的从业比例差异不大，均在55%左右，且随时间变化较小；

不过，乡村从业人口 ① 的非农就业比重差距明显。2010年，全国地处平原的县域中，乡村非农从业人口比重最高，约占乡村从业人口总数的50%；其次是丘陵地区（46.9%），再次为山区（40.8%）。然而，与这些区县的平均水平相比，国家扶贫工作重点县的非农就业比例（仅为38.4%）远低于任一地貌特征的县域。此外，表2-2显示，2010年，全国平原县、丘陵县、山区县第一产业和第二产业增加值之比分别为1∶4、2∶7和1∶3；与之相比，国家贫困县的相应产业增加值之比为1∶2，贫困县的经济结构中农业所占比重远高于其他类型的县域。这些差距从一个侧面反映了，二三产业不发达、农业就业比重持续较高可能是制约贫困县人口脱贫致富的重要原因。

其次，受历史和自然等原因的影响，贫困县的生产力水平较低。以农业为例，表2-2的结果显示，不同类型的县域中农业机械动力情况差距悬殊。以农业从业人员人均对应的机械动力情况来看，贫困县农业从业者对应的机械总动力为2.2千瓦特/人，远低于平原（4.7千瓦特/人）和丘陵地区（3.0千瓦特/人）县域的平均水平，与山区县域的平均水平（2.1千瓦特/人）接近。

与上述产业结构、人口就业特征相适应，贫困县的人

---

① 乡村从业人员指乡村人口中16岁以上实际参加生产经营活动并取得实物或货币收入的人员，既包括劳动年龄内经常参加劳动的人员，也包括超过劳动年龄但经常参加劳动的人员，但不包括户口在家的在外学生、现役军人和丧失劳动能力的人，也不包括待业人员和家务劳动者。从业人员按从事主业时间最长（时间相同按收入最多）分为农业从业人员、工业从业人员、建筑业从业人员、交运仓储及邮电通讯业从业人员、批零贸易及餐饮业从业人员、其他从业人员。

均财政收入和居民储蓄余额均显著低于其他县域。表2-2显示，2010年，全国平原县、丘陵县和山区县的人均地方财政一般预算收入分别为1439元、1154元和896元，但同一时期国家扶贫工作重点县的人均地方财政一般预算收入仅562元。类似的，2010年各类县域的城乡居民人均储蓄存款余额分别为14751元、11919元、9559元，但贫困县的相应人均储蓄存款余额仅6666元。

贫困县的社会文化发展状况与其他县域也存在明显差异。表2-2显示，2010年国家扶贫工作重点县的本地电话用户仅占当地居民总户数的35.3%。与之相比，全国平原县、丘陵县的本地电话用户覆盖率分别为60.5%和50.7%，即便是地处山区的县域，本地电话用户覆盖率平均值也高达47.3%，远高于国家扶贫工作重点县的水平。不同类型县域的在校学生数量显示，2010年贫困县每万人中普通中学在校生的数量、小学在校生的数量均明显较高，这可能与近几十年来义务教育法的推行、教育领域的一系列改革措施（如"三免一补"等）对基础教育的促进效应有关，也在一定程度上反映了贫困县的人口年龄结构相对较轻的特点。这一点可以从在校人数的变化情况间接得以印证，2009~2010年间各县域的在校生人数呈不同程度的下降，反映了学龄人口总数减少的现象。相对而言，贫困县的小学在校人数下降幅度最大，初中在校人数下降幅度则最小，其可能的原因在于贫困县的年轻队列中人口规模下降相对迟缓。除此之外，贫困县人均医疗卫生资源较少，但其增长速度相对较快，这也反映了国家健康扶贫计划的效应。

综上所述，国家扶贫工作重点县在人口、经济、社会等方面与全国其他县有着明显的差异，这些差异既是相应地区过去发展状况差异的结果，也会在相当程度上影响着这些地区未来的发展情况。贫困县贫困的根本原因何在？其实现脱贫致富的内在动力和潜力如何？这些问题需要综合各种因素进行系统的分析。

三　国家扶贫工作重点县与非贫困县的对比

为了更好地了解贫困县的发展状况，特别是在精准扶贫政策实施前后这些县主要社会经济特征的变化，本研究利用 2011 年和 2016 年全国县域社会经济统计资料[①] 对比分析 2010~2015 年间国家扶贫工作重点县与其他县的发展差异。考虑统计数据资料的可得性和可比性原则，本研究选择并构建了能够综合反映各县社会经济特征的三个指标，分别为"一二产业增加值之比"、"年末城乡居民人均储蓄存款余额"和"每万人对应的医疗卫生机构床位数"。

这些指标拟从不同侧面反映各县的经济和产业结构、居民经济资源、社会服务体系的特征。其中，"一二产业增加值之比"是当地第一产业和第二产业对国民生产总值的贡献之比值，用以反映当地产业结构中第一产业和第二

---

① 《中国县域统计年鉴 2011》、《中国县域统计年鉴 2016》。

产业的相对发展状况。根据产业发展和升级的一般规律，该指标能够在一定程度上对当地产业结构的发展阶段、经济发展状况提供标识性信息，反映当地经济发展的一般状况。"年末城乡居民人均储蓄存款余额"是当地城镇和农村居民在银行、信用社等金融机构储蓄存款的总额。尽管该指标并非居民经济资源的综合测度，与收入等经济或财富指标也没有简单的对应关系；不过，考虑到"有备无患"在中国文化传统中的重要性以及中国人注重储蓄的特征，人均储蓄存款余额仍是反映居民经济状况的重要指标，它可以在一定程度上揭示当地居民切实可及的资源和财富状况。"每万人对应的医疗卫生机构床位数"是反映居民对医疗卫生资源的拥有状况和可及性水平的常用指标，在一定程度上代表着与民生问题紧密相关的社会服务体系的发展状况。

（一）产业结构

表 2-3 展示了 2010~2015 年间国家扶贫工作重点县与其他县在上述三个指标中变化情况的对比。由表中结果可见，2010~2015 年期间，国家扶贫工作重点县的一二产业增加值之比中位数由 2010 年的 0.78 下降到 2015 年的 0.67；也即，在表中所统计的国家贫困县中，大约一半的县 2010 年第一产业增加值相当于第二产业增加值的 78% 以上，另一半的县相应数值在 78% 以下；到 2015 年，第一产业比重下降，第二产业比重相对上升，这些县中第一产业和第二产业增加值的比值在 0.67 以上和以下的县各有一半。与

贫困县的情况相比，同一时期非贫困县一二产业增加值的比重总体更低，第二产业的发展远超第一产业。2010 年，表中所统计的非贫困县中有一半的县第一产业增加值相当于第二产业增加值的 38% 以下，另一半县的相应比值在 0.38 以上。到 2015 年，非贫困县的第一产业和第二产业增加值之比的中位数下降到 0.33。

尽管经济发展往往伴随着产业结构升级，但从县级层面来看，2010~2015 年期间，并非所有的县均呈现第一产业增加值相对下降的发展趋势。表 2-3 分别展示了贫困县和非贫困县在考察期间产业结构的变化特征（参见"净增量"所在列对应的数值），分析结果显示，在国家扶贫工作重点县和非贫困县中，均有 1/4 以上的县第一产业增加值的份额（相对于第二产业增加值）随时间提高。其中，国家扶贫工作重点县中，有 1/4 的县在 2010~2015 年期间第一产业增加值相对于第二产业增加值的比值上升 5 个百分点以上。类似的，非贫困县中，约有 1/4 的县在相应时期内第一产业增加值相对于第二产业的比值上升 1 个百分点。这些结果呈现了相应县域产业结构的变化特征，也从一个侧面揭示了我国各地经济发展特征和支柱产业存在明显差异的客观现实。

（二）居民经济状况

除产业结构外，贫困县与非贫困县居民的经济状况也存在巨大差异。表 2-3 显示，2010 年表中统计的国家扶贫工作重点县，城乡居民年末人均储蓄存款余额平均约 6931 元；到 2015 年，该余额增长到 15415 元。该指标的具体分布特征显示，2010 年约有 1/4 的县城乡居民人均储蓄存款余额在 4371 元以下，另有约 1/4 的县相应人均储蓄存款余额超过 8475 元。到 2015 年，人均储蓄存款余额最低的 1/4 的县人均不足 10450 元，最高的 1/4 的县人均超过 18376 元。尽管五年期间多数县的城乡居民经济状况明显改善，年末人均储蓄存款余额有不同程度的上升；不过，相应经济状况的改善程度差异明显。1/4 以上的县 5 年间人均储蓄存款余额增幅不足 6000 元（低于 5888.23），而增长幅度最大的 1/4 的贫困县人均增幅在 10000 元（更确切地，高于 10209.84 元）以上。

与上述贫困县相比，2010 年各非贫困县城乡居民年末人均储蓄存款余额平均约 14239 元，接近贫困县 2015 年的水平。到 2015 年，这些非贫困县中城乡居民人均储蓄存款余额的平均值上升到 27506 元，约相当于同一时期贫困县平均水平的 1.8 倍（=27506/15415）。不过，从各县人均储蓄存款余额增量的分布特征来看，在整个分布区域上，非贫困县的人均储蓄存款余额增幅均大于贫困县。例如，考察时期的 5 年间，表 2-3 所统计的非贫困县中，增幅最小的 1/4 相应各县人均储蓄存款余额增长不足 8179 元，而同一时期超过一半的贫困县相应人均储蓄存款余额增幅低于该水平（增幅中位数为 7731.7 元）。类似地，一半以上的非贫困县增幅在 11136 元以上，而同一时期贫困县中能达到相应增幅的县域远不足 1/4。

表2-3 2010~2015年不同县域的产业结构、居民储蓄和公共卫生资源发展状况对比

指标	—	国家扶贫工作重点县			非贫困县		
		2010年	2015年	净增量(2015~2010)年	2010年	2015年	净增量(2015~2010)年
县数（N）	—	581	581	581	1456	1452	1452
第一、二产业增加值之比	第一四分位值	0.48	0.41	-0.30	0.19	0.18	-0.13
	中位数	0.78	0.67	-0.09	0.38	0.33	-0.03
	第三四分位值	1.30	1.12	0.05	0.69	0.60	0.01
	均值	1.10	0.96	-0.14	0.57	0.53	-0.04
城乡居民人均储蓄存款余额（元）	第一四分位数	4371.07	10450.87	5888.23	7624.50	16323.90	8179.03
	中位数	6059.20	14073.97	7731.74	10596.60	22102.60	11135.93
	第三四分位数	8475.60	18376.28	10209.84	16193.50	31240.40	15326.45
	均值	6931.30	15415.47	8499.30	14239.34	27506.30	13328.88
每万人对应的医疗卫生机构床位数	第一四分位数	15.77	26.43	6.49	18.55	29.56	6.23
	中位数	20.88	33.02	11.48	23.86	36.72	11.54
	第三四分位数	26.37	40.54	16.91	31.86	46.18	18.20
	均值	22.46	34.48	12.01	27.73	41.06	13.37

资料来源：根据2011年和2016年全国县域统计年鉴资料计算而得。

从各县人均储蓄存款余额的增长幅度来看，考察期间（2010~2015 年），国家扶贫工作重点县城乡居民人均储蓄存款余额在 5 年间增长 8499 元；非贫困县的相应增长幅度平均为 13329 元；非贫困县居民人均储蓄存款余额的平均增长幅度约相当于贫困县平均水平的 1.6 倍。

（三）医疗卫生资源

各地医疗卫生资源的发展状况是社会服务体系与社会综合发展水平的重要体现。表 2-3 利用每万人对应的医疗卫生机构床位数，对比展示了 2010~2015 年全国贫困县与非贫困县的医疗卫生资源发展状况。由表中数值可知，2010 年全国 581 个扶贫工作重点县中，每万人对应的医疗卫生机构床位数均值约为 22 张，到 2015 年，相应均值上升到 34 张。与之相比，非贫困县的医疗卫生资源更为丰富。2010 年，非贫困县中每万人对应的医疗卫生机构床位数均值约 28 张，2015 年相应均值上升到 41 张。

值得注意的是，贫困县医疗卫生资源的增长幅度与非贫困县较为接近。2010~2015 年，贫困县各县每万人对应的医疗卫生机构床位数增幅的均值和中位数分别为 12 和 11.5；同一时期非贫困县中，各县每万人对应的医疗卫生机构床位数的增幅平均为 13 张，增幅超过 11 张的县和不足 11 张的县均在一半左右。这可能与这一时期我国城乡医疗卫生事业快速发展有关，这一过程中，国家卫生健康扶贫计划以及医疗服务资源均等化的政策无疑发挥了重要的推动作用。

第三节　贫困县发展的制约因素初探

为了进一步理解各县发展快慢的成因，探讨贫困县发展的潜在制约因素，本节使用上述县级数据对各县2010~2015年期间经济发展状况，以及居民储蓄增加情况拟合多因素回归模型。具体而言，研究主要选用"第一二产业增加值的净增量"、"城乡居民人均储蓄存款余额的净增量"为核心结果变量。这两个变量是反映地区经济发展水平和居民经济状况的重要指标，第一二产业增加值的净增量测量了各县GDP中第一、第二产业贡献部分的增加量。与常用的GDP指标相比，该指标未包含第三产业的增加值，囿于第三产业相应数据资料可得性的限制，本研究主要考察第一二产业增加值的变化情况，以期尽可能地反映各县在考察时期的经济发展状况。城乡居民人均储蓄存款余额的净增量则可以从一个侧面反映当地居民经济生活的富足状况。

针对上述结果变量，本研究使用对经济增长和居民经济状况有重要影响，且在县级统计资料中可得的变量信息，检验其对上述结果变量的可能影响。其中，第一二产业增加值的净增量的模型中考虑的影响因素包括：基期（2010年）的第一二产业增加值、城镇人口比重、农业机械总动力、规模以上工业总产值、城镇固定资产投资完成额，以及标识是否为国家扶贫工作重点县的虚拟变量。对城乡居民人均储蓄存款余额的净增量拟合的模型中，解释变量包括基期人均储蓄存款余额、城镇人口比重、每万人对应的医疗卫生服务床位数、非农就业人口比重[①]、2010~2015 年间第一二产业增加值的净增量，模型中同样考虑了标识是否为贫困县的虚拟变量。

表 2-4 和表 2-5 分别展示了上述模型的拟合结果。由表 2-4 可见，本研究分析的县中，2010~2015 年间第一、第二产业增加值的净增量与其基期水平正向相关，也即，基期第一二产业增加值水平较高的县在考察期间增长幅度也显著更大。基期源于第一二产业贡献的 GDP 水平每上升 1 万元，此后五年间 GDP 中源自第一二产业贡献的净增量将提高 0.4 万元。这一发现与上文表 2-3 的结论一致，2010 年经济发展状况越好的县，在此后的 5 年间发展越快。

表 2-4　县级第一二产业增加值的净增量的多元线性回归模型结果
（N=1951）

指标	系数	标准误	P	标准化系数
第一二产业增加值（万元）	0.4	0.032	0.000	0.68
城镇人口比重	−187.3	274.253	0.495	−0.01
农业机械总动力（万千瓦）	477.0	188.680	0.012	0.04
规模以上工业总产值（万元）	−0.03	0.007	0.000	−0.22
城镇固定资产投资完成额（万元）	0.22	0.024	0.000	0.24
贫困县（参照组＝非贫困县）	−36795.2	20905.310	0.079	−0.03
截距	80237.3	17847.860	0.000	
R 平方	0.50			

资料来源：《中国县域统计年鉴 2011》、《中国县域统计年鉴 2016》。

在控制模型中其他因素（见表 2-4）的影响后，城镇人口比重对第一二产业增加值的增长幅度影响不再显著。

① 仅《中国县域统计年鉴 2016》收集了相应统计信息。

农业机械总动力对一二产业增加值的增长速度具有显著的正向效应，这反映了农业机械化水平对于促进以农业为主的地区经济发展的重要意义。规模以上工业总产值较高的县，其第一二产业增加值的增长速度显著较低，不过相应影响的强度相对较小。与之相比，基期城镇固定资产投资完成额对县域的一二产业增加值的增长具有显著的促进作用。这些结果意味着，城镇固定资产投资完成额和农业机械化水平对发展当地第一、第二产业具有重要的持续影响。

与非贫困县相比，在考虑了上述因素后，国家扶贫工作重点县的第一、第二产业发展速度仍显著较低；平均而言，2010~2015 年间贫困县的一二产业增加值的净增量比非贫困县约少 3.7 亿元。此外，表中标准化回归系数展示了模型中解释变量对结果变量的解释强度。对比模型中不同的解释变量，基期第一二产业增加值的水平对该指标在2010~2015 年期间的增量影响最大，其次为城镇固定资产投资完成额，再次为基期规模以上工业总产值的差异。相对而言，贫困县的经济增长具有一定的劣势，但在考虑模型中已观测的其他因素的影响后，其余的劣势效应较小。综合而言，模型中考虑的变量能够对因变量的变异（各县一二产业增加值的净增量之差异）解释约 50%。

表 2-5 展示了 2010~2015 年间各县城乡居民人均储蓄存款余额净增量的多元线性回归模型拟合结果。由模型系数可见，2010 年人均储蓄存款余额较高的县，在其后的 5年间人均储蓄存款余额增长幅度显著更大。城镇人口比重

较高的县，考察时期内城乡居民人均储蓄存款余额的增长幅度也显著更高；类似地，人口中非农就业比重对当地城乡居民人均储蓄存款余额的增长幅度具有显著的正效应。此外，县级医疗卫生资源丰富的地区，城乡居民储蓄存款余额增长幅度显著更大。由此可见，人口城镇化、非农就业以及社会服务体系（医疗卫生资源相对丰富）的发展均有利于当地居民经济状况的改善。

表2-5　县级城乡居民人均储蓄存款余额增量的多元线性回归模型结果（N=1958）

项目	系数	标准误	P	标准化系数
2010年人均储蓄存款余额（元）	0.4	0.016	0.000	0.53
城镇人口比重	11.9	4.344	0.006	0.05
第一二产业增加值的净增量（万元）	0.00002	0.0003	0.945	0.001
2015年非农就业人口比重	0.01	0.001	0.000	0.19
2010年每万人对应的医疗卫生机构床位数	42.8	11.959	0.000	0.07
贫困县（参照组＝非贫困县）	−679.1	324.351	0.036	−0.04
截距	3400.3	408.430	0.000	
R平方	0.49			

资料来源：《中国县域统计年鉴2011》、《中国县域统计年鉴2016》。

在考虑了上述变量后，国家扶贫工作重点县与全国其他非贫困县城乡居民的人均储蓄存款余额随时间变化情况仍存在显著的差异。在其他条件可比的情况下，贫困县城乡居民2010~2015年间人均储蓄存款余额的增长幅度比非贫困县低679元。综合起来，模型中考虑的解释变量对各县城乡居民人均储蓄存款余额变化量的差异解释力接近50%。

模型中各解释变量的标准化回归系数显示，基期各县的城乡居民人均储蓄存款余额对其后 5 年间该指标的增长情况影响最大。这也表明，越富裕地区，居民经济状况改善幅度越大的一般规律。除基期的储蓄情况外，上述模型中各因素对因变量影响强度由强到弱依次为：非农就业比重、当地医疗卫生资源状况、人口城镇化水平、是否为贫困县。这一结果表明，贫困县相对于非贫困县具有比较劣势，但其居民的经济状况有可能通过提高非农就业、改善医疗卫生等社会资源、促进人口城镇化等途径而得到较为有效地提升。

第四节 小结

本章在对过去半个世纪我国的国家扶贫计划进行系统梳理的基础上，分析了现阶段我国贫困问题的地域特征。利用县级层次的统计资料，对比分析了贫困县与非贫困县在分布状况、基本特征、社会经济发展状况等方面的差异，并通过拟合多元模型，初步探讨了近年来贫困县发展状况的潜在影响因素。

本章的主要研究发现包括：1）经过半个多世纪的发展，我国人口贫困问题得到较为有效的控制。总体而言，贫困人口规模随时间不断下降，贫困问题的分布范围明显缩小。2）与全国其他地区相比，当前我国扶贫工作重点县的社会经济发展状况仍明显落后；多数社会经济指标显示，贫困县的社会经济发展水平不仅低于平原地区和丘陵地区的县域，甚至低于全国山区区县的平均水平。3）与非贫困县相比，国家扶贫工作重点县的社会经济发展速度也相对较慢。不过，随着国家扶贫计划和精准扶贫的部署实施，贫困县的部分社会民生指标，如医疗卫生资源的人均占有情况，得到了快速改善，这些指标的变化速度与非贫困县已不存在显著差距。

贫困县的社会经济特征及其发展状况为了解贫困问题提供了重要的视窗，不过，囿于县级统计指标信息的限制，县级层次的分析难以全面揭示贫困成因的客观复杂性。加之，随着国家扶贫计划的推进，贫困县与贫困人群可能不再存在严格的对应关系，甚至呈现出明显的脱节。这些客观现实为开展实地调研，深入了解和分析贫困人口的特征、其致贫原因以及精准扶贫实施中面临的困难与挑战提出了要求。

为此，本研究以下章节将分析和展示典型贫困县的调研发现。通过深入了解和分析调研地的特征、贫困人口状况，进一步探讨贫困地区脱贫致富的可能出路。鉴于我国扶贫工作重点县数十年来仍在探索和谋求脱贫致富之路，2017 年之前，国家扶贫工作重点县的数量尚未出现下降，本研究的调研发现有望从不同侧面为具有相似特征的贫困县脱贫致富提供参考与借鉴。

第三章

典型贫困山区的调研发现

为了更深入地了解现阶段我国的人口贫困现象、考察贫困问题的特征以及现阶段我国脱贫攻坚面临的具体问题与挑战，本研究在"中国社会科学院精准扶贫百村调研项目"整体设计的框架下，选取了典型的贫困山区，针对贫困问题及精准扶贫实施情况进行实地调研。调研使用项目组统一设计的结构式问卷收集了样本村的基本情况、村民样本的详细资料，以及样本村所在县的主要特征；除此之外，调研还结合深入访谈和实地观察等方式对样本地区典型性和代表性的贫困现象进行了深入了解。本章将结合这些调研资料，首先对样本村所在贫困县进行概要介绍；在此基础上，分析该县人口的社会经济特征、了解贫困现象的发生情况及其主要类型。第四章将进一步从村级和家庭户的调查数据入手，分析样本村的贫困现象及其脱贫措施的具体实施情况。

第一节 调研贫困县概貌

本研究选取的调研地方山县为国家扶贫工作重点县之一,是全国集中连片贫困地区之一。该县地处华北山麓地带,抗战时期其独特的地理位置曾为抗战工作的开展提供了有利的自然屏障,使其成为重要的革命老区;然而在和平时期,这一地理位置却在相当长的时期内对当地社会经济的发展以及对外交流活动形成了客观桎梏。

方山县辖区内的地貌以土石山、黄土丘陵沟壑和河谷为主要特征,适合农业耕种的土壤面积不多,主要由分布在河谷地段的草甸土组成。辖区内水资源匮乏,不仅年降水量少,而且降水具有鲜明的季节特征,春季干旱少雨,夏季雨水集中。县域内南北常年气温相差较大,无霜期最短不足百日。这些地貌、土壤和气候等特征决定了方山县农业发展水平不高,当地适宜耕种的作物主要为玉米、谷子和马铃薯,小麦等作物的种植基本为零。此外,自然条件和地貌等特征也在相当程度上决定了该县的农业生产仍保持"人力 + 畜力"为主的传统生产模式,现代农业机械和灌溉对发展当地农业生产的作用微乎其微,农业生产难以摆脱"靠天吃饭"的桎梏。据县域统计资料,目前方山县第一产业增加值在当地 GDP 中所占比重不足 10%。

与农业资源的匮乏相对照,方山县独特的地貌特征却蕴藏了较为丰富的矿产资源。目前该县已探明的矿产资源种类达数十种，包括煤、铁、铝土以及其他非金属矿产。受山区自然条件和经济资源的限制，方山县道路、交通及基础设施的建设长期以来较为缓慢。这无疑在客观上限制了当地矿产资源的开发利用以及经济的快速发展。直到 20 世纪末 21 世纪初，当地矿产开采活动才开始大规模涌现，且以煤矿开采为主。直到最近，矿产开采才开始呈现多元化的局面。到目前为止，矿产资源开采、焦煤、化工等相关经济活动仍是方山县经济发展的主要来源与支柱。2015 年，该县第二产业增加值相当于第一产业增加值的 10 倍左右，在当地 GDP 中占比超过六成。

方山县的经济发展历程和第一、第二产业特征，在一定程度上决定了其第三产业的发展状况。近年来，该县的第三产业有了明显的发展，主要表现为与矿产资源开发相关的交通运输业以及由此派生的批发零售和住宿餐饮等产业。此外，随着该县矿产资源开发以及相关产业生产活动的开展，当地吸引了一些外来务工人员和投资商，吸纳和承接了一些由发展较早地区转移来的重工业企业，这些变化在促进第三产业发展的同时，也对当地经济发展潜力、劳动力就业和生态环境等方面产生了深刻的影响。总体而言，当前方山县的第三产业层次偏低，规模相对较小，且结构单一；这也意味着第三产业对当地经济增长和居民生活改善的贡献仍有待提高。

受自然环境、资源和经济发展状况的影响，方山县在相当长的时期内居民收入水平明显低于全国多数地区。尽管近 20 年来工业发展极大地推动了当地经济和居民收入水平的提高，截至 2016 年，全县城镇居民人均可支配收入仍不足 2 万元，农村居民人均纯收入约 4000 元；[①] 农村户籍人口中，贫困发生率超过 70%。自 20 世纪 80 年代国家扶贫计划开始确定贫困县以来，该县一直属于国家级贫困县，[②] 其贫困的深度和脱贫的难度既具有多数贫困地区所呈现的一般性，也有着不同于其他贫困县的典型性特征。在当前脱贫攻坚阶段，对该地区的贫困问题进行研究具有重要的现实意义。

第二节　调研贫困县的人口特征

一　人口总量与基本构成

受山区自然条件的制约，方山县辖区内的人口密度不高，每平方公里人口数略高于 100。目前，全县常住人口总量在 15 万左右，低于全国多数县的人口规模。近年来，该县人口规模增长持续趋缓。据全国人口普查数据和县域相关资料，2000 年，该县人口自然增长率约为 9‰，到 2010 年，人口自然增长率下降到 6‰以下；截至 2016 年，

精准扶贫精准脱贫百村调研·西相王村卷

①　相应资料来源于县政府官网。另见方山县县志编纂委员会编《方山县志》，山西人民出版社，1993。
②　2001 年后，国家级贫困县改为国家扶贫工作重点县。

人口自然增长率进一步下降到 4‰ 以下。

该县的人口民族构成以汉族为主，占总人口的 99% 以上。总人口中，男性比例高于女性，总人口性别比超过 110。全县人口中，农业户籍人口占绝大多数，2000 年全县农业户籍人口比重约为 90%。随着人口城镇化的推进，农业户籍人口比重下降；截至 2010 年，非农业户籍人口比重上升到 17.48%，相应比例比 10 年前上升 7.5 个百分点。与人口户籍结构的变化相比，城镇化进程中实际人口居住地结构的变化更为明显。2010 年，全县大约有 25% 的人口居住在城镇地区，该比例较 10 年前上升近 10 个百分点（见图 3-1）。

与该县产业结构和经济发展特征相适应，近年来方山县的人口流动渐趋频繁。本地户籍人口中，不少青壮年因务工经商等原因而流向外县或外省。2000 年，方山县户籍

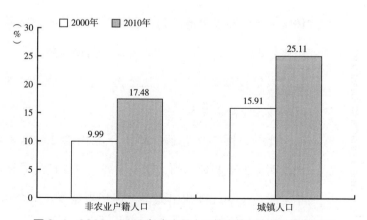

图 3-1　2000、2010 年方山县人口的户籍及居住地类型特征

资料来源：作者根据《中国县域统计年鉴（2011）》、2000 年和 2010 年全国人口普查分县统计资料整理而得。

人口中约有 1.6% 的人流向县外；到 2010 年，相应比例上升到 7.3%。在当地户籍人口外出比例快速上升的同时，近年来当地第二产业的快速发展也吸引了一定数量的人口流入。2000 年全国人口普查时点，由本省其他县或外省流入的人口占全县常住人口的比例约为 0.6%；到 2010 年，相应比例已上升到近 5%。这些流入人口中，有相当一部分为不同类别的采掘工人以及相关产业的技术和管理人员。

二　人口结构

1. 年龄结构

与全国人口年龄结构老化的趋势相类似，近年来方山县的人口也呈现老龄化趋势，年轻队列人口比重的下降尤为迅速，如图 3-2 所示。2010 年，全县 0~14 岁人口比重不及 20%，比 2000 年下降 12.5 个百分点；同一时期 60 岁及以上人口比重则由 2000 年的 8% 上升为 2010 年的 10%。与全国多数地区相比，当前该县的人口抚养比总体还比较低。不过，图 3-2 的人口年龄结构显示，该县劳动年龄人口在总人口中的占比已接近峰值，预计未来几年将开始转为下降。

此外，图 3-2 显示，2000 年方山县 20~24 岁组人口规模明显低于相邻队列，这一队列人口规模的差异在 2010 年（对应于 30~34 岁组人口）仍相当显著。结合相应队列出生时期的特征可以推断，1976~1980 年出生队列规模骤减（相对于相邻队列）的主要原因在于 20 世纪 70 年代末

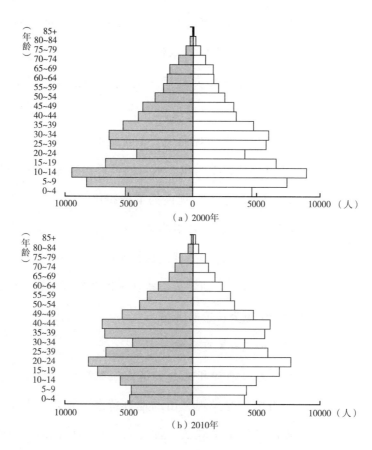

（a）2000年

（b）2010年

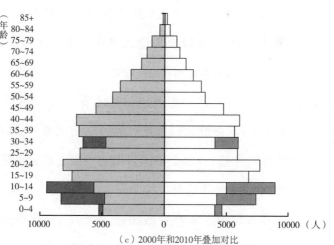

（c）2000年和2010年叠加对比

图 3-2 方山县人口性别年龄结构金字塔

资料来源：同图 3-1。

方山县开始实行严格的计划生育政策。20 世纪 80 年代前期，出生人口规模基本恢复 70 年代初的水平。随后的 5 年间（20 世纪 80 年代后半期），出生人口规模进一步增加，达到峰值。这些变化可能在一定程度上隐含了 20 世纪 70 年代末生育控制引发的推迟和补偿性生育现象。20 世纪 90 年代以来，出生人口规模再次转为下降。与 20 世纪 70 年代出生人口规模的下降相比，这一时期的出生人口规模下降趋势相对更为持久和稳定，反映了生育观念和行为转变以及社会变迁的深刻影响。这一趋势也会对该县的人口发展、劳动资源供给状况以及经济持续发展等多个方面产生更为长远的影响。

2. 婚姻与家庭结构

受人口结构和社会经济发展状况的影响，方山县人口的婚姻状况呈现突出的地方特点。首先，由于当地社会经济发展水平较低，加之人口性别比偏高，男性的婚姻机会在相当程度上受到了挤压。如图 3-3 所示，2000 年全县 15 岁及以上男性人口中，未婚比例高达 26.2%。而同一时期人口年龄结构显示，15 岁及以上男性人口中，年龄在 15~19 岁和 20~24 岁组的比例分别为 14% 和 8.9%。由此可以推断，即使法定结婚年龄以下的所有男性均未婚，2000 年该县仍有相当一部分已进入法定婚龄的男性保持单身。类似的，到 2010 年，15 岁及以上男性人口中，未婚者占比达 28.5%，该比例仍远高于法定年龄以下男性的占比。与男性相比，女性未婚的比例明显较低。2000 年，15 岁及以上女性人口中，未婚者

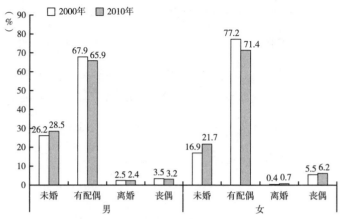

图 3-3　2000、2010 年方山县 15 岁及以上人口的婚姻状态

资料来源：同图 3-1。

的占比为 16.9%；到 2010 年，相应女性人口中未婚比例为 21.7%。

　　其次，离婚现象是当地人口婚姻状况中值得关注的问题。图 3-3 显示，2000 年和 2010 年人口普查时点方山县 15 岁及以上男性人口中处于离婚状态的比例分别为 2.5% 和 2.4%；女性的比例相对较低，在两次普查时点分别为 0.4% 和 0.7%。这些比例并非离婚率，因而不能准确地反映真实的离婚水平。不过，2000 年人口普查区分初婚和再婚状态收集了详细的婚姻信息，这些信息为了解当地人口的婚姻现象提供了一定的可能。图 3-4(a) 和 (b) 分别展示了 2000 年 15 岁及以上曾有过婚姻经历的男女两性的具体婚姻状态。由图 3-4(a) 和 (b) 可得，2000 年方山县 15 岁及以上有过婚姻经历的人口中，初婚者的占比为 89.1%；也即，有过婚姻经历的人口中，11% 左右的人均经历过不同类型的婚姻失败（离婚或丧偶）。尽管男女两性中经历过婚姻失败的比例相当，但这些有过婚姻失败的男女的具体婚姻状态并不相同。对男性而言，更高比例的人仍处于离婚状态〔见图 3-4(a)〕，对女性而言，婚姻失败后再婚的比例明显较高〔见图 3-4(b)〕。此外，女性人口中丧偶比例显著高于男性的相应比例，这可能与女性预期寿命相对较长有关。

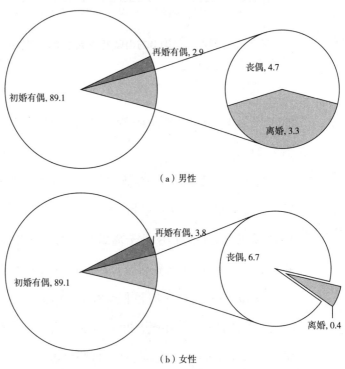

（a）男性

（b）女性

图3-4　2000年方山县15岁及以上有过婚姻经历者的具体婚姻状态（％）

资料来源：同图 3-1。

此外，与当代家庭变化的一般规律相类似，方山县的人口家庭结构呈现出家庭规模较小，且随时间下降的总体特征。2010 年，家庭户平均规模约为 3.4 人，与 10 年前相比平均每户人口规模下降约 0.6 人。家庭户规模下降的原因，既与人口流动、居住条件改善^①对居民居住模式的客观影响有关，也在相当程度上反映了当代社会家庭文化和制度变迁引发的家庭核心化、小型化的变化趋势。

图3-5展示了2000年和2010年人口普查时方山县家庭户中代际居住模式的构成特征。由图可见，二代户是当前该县家庭户居住安排的典型特征，相应比例在两次普查时均占六成以上；不过，相应家庭户类型随时间呈明显的下降。类似的，三代及以上家庭户在全部家庭户中所占比重由2000年的12.2%下降到2010年的10.4%左右。与二代、三代及以上家庭户比例下降的趋势相对照，该县一人

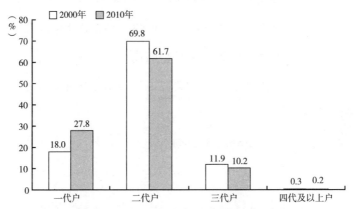

图3-5　2000、2010年方山县人口的家庭户类别构成

资料来源：同图3-1。

---

① 据人口普查数据中长表数据统计，方山县家庭户住房状况在2000年到2010年之间有了明显改善。其中，住房中有管道自来水的家庭户占比由2000年的25.8%上升到2010年的82.1%；住房内有厨房的比例由2000年的90.8%上升到2010年的94.8%；住房内有洗澡设施的比例由2000年的3.8%上升到2010年的17.9%。此外，这些家庭户的住房来源中自有比重上升，其中"自建"和"购买"的比重合计由2000年的88.4%上升到2010年的90.9%。

户的比重随时间呈明显上升趋势。2010 年，方山县全部家庭户中，约有 12% 的户仅有一人（"一人户"），该比例比 2000 年上升约 5 个百分点。

三 人口的主要社会经济特征

1. 教育状况

教育是人力资本的重要组成部分，不仅影响个人的社会经济特征与发展状况，而且是一个地区社会经济发展状况与发展潜力的核心要素。如图 3-6 所示，2000 年，方山县 15 岁及以上人口的文盲率约为 10%，略高于同一时期全国文盲率的平均水平（9.1%）。到 2010 年，该县人口文盲率下降到 5.6%，与 2000 年相比下降接近一半，不过其文盲率的绝对水平仍略高于全国平均水平（4.9%）。值得一提的是，该县文盲率的性别差异相对较小。尽管男性

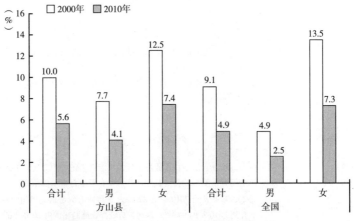

图 3-6　方山县与全国 15 岁及以上人口文盲率的对比（2000、2010 年）

资料来源：同图 3-1。

文盲率明显低于女性，例如，2000年全县15岁及以上男性文盲率比女性低约5个百分点，到2010年，相应年龄的男性文盲率比女性低3.3个百分点；不过，2010年该县男女两性文盲率的差距比全国人口文盲率的平均性别差异明显更小。

除文盲率外，人口受教育程度的高低为人力资本水平提供了更为详细的依据。图3-7展示了2000年和2010年方山县6岁及以上人口的受教育程度构成，并与同一时期全国人口的平均水平进行对比。由图3-7可见，该县6岁及以上男女两性人口的受教育程度仍以初中及以下为主。2000年，相应年龄的男性人口中超过八成（82.4%）的人受教育程度为小学或初中，该比例到2010年略有下降，但仍不低于八成（80.8%）。与男性相类似，该县女性的受教育程度也以小学和初中为主，二者合计比例在八成左

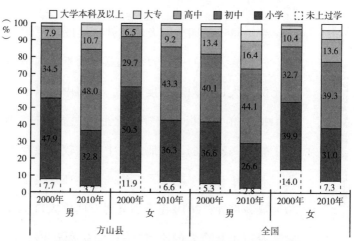

图3-7　方山县与全国6岁及以上人口教育状况的对比（2000年和2010年）

资料来源：同图3-1。

右，且随时间变化不大（2000年和2010年女性的相应比例分别为80.2%和79.6%）。

与初中及以下学历的人口比例相对稳定的特征相区别，2000年到2010年间6岁及以上人口中接受过高中及以上教育的比重有明显的上升。由图3-7可见，2000年，方山县男性人口中接受过高中教育的人口比重为7.9%，有大专及以上学历者的比重为2%。到2010年，该县接受过高中教育的人口比重上升到10.7%，有高等教育学历者的比重则上升到4.8%，增幅超过1倍。与男性相类似，该县女性人口中接受过高中教育的比重由2000年的6.5%上升到2010年的9.2%，接受过大专及以上教育的比重由1.4%上升到4.6%。由此可见，近年来，方山县人口教育状况有明显的提高，主要表现为后义务教育阶段的教育发展；在这一过程中，女性教育水平的提高令人瞩目，女性在高等教育阶段相对于男性的教育劣势已基本消失。

对比同一时期全国人口受教育程度的平均水平不难发现，方山县人口的受教育状况总体低于全国平均水平，更高比例的人口受教育程度较低，在初中或以下。尽管其人口中接受高中及以上教育的比重呈明显增长趋势，不过，由于教育基础薄弱，当地人口中拥有较高教育水平的比重仍显著低于全国平均水平。这一差异在较高学历占比中更为明显，例如，2010年方山县男女两性人口中接受过大学本科及以上教育者的比重分别为1%和0.9%；而同一时期全国人口中接受过大学本科及以上教育者的比重则在4%左右（男性为 4.4%，女性 3.6%）。这些数据表明，方山县的人力资本水平偏低，发展教育、大力提高人口教育水平应是促进当地人力资本积累和社会经济发展的重要举措。

2. 经济活动特征

劳动年龄人口的经济活动特征是反映社会经济发展状况的重要方面。本章第一节从总体经济构成概要方面介绍了方山县的产业和经济发展现状，本小节将结合人口的经济活动特征进一步分析和展示该县的人口与经济发展特征。

（1）人口就业的产业结构

图 3-8 展示了 2000 年和 2010 年方山县在业人口所在产业的结构特征。由图可见，方山县从事经济活动的人口仍以第一产业就业为主。2000 年，该县在业人口中近八成（79.4%）的人从事农林牧副渔业，在第二产业就业的人口比重仅约 4%，其余 16.6% 的人在第三产业就业。在业人口的产业分布状况与本章第一节所介绍的当地经济中三次产业的产值构成形成了鲜明的对照，尽管第二产业在经济增长中贡献比重最大，其吸纳的就业者比重却处于最低水平。与之相对应，对当地经济增长贡献最小的农业，吸纳了绝大多数的劳动者就业。这一产业和就业结构的对照，进一步凸显了该县农业生产力水平低，以及第二产业发展中外来人力资源的影响。如前所述，尽管近年来方山县第二产业得到了快速的发展，但受当地资金、技术、管理等方面资源的客观制约，不少采掘技术工人、管理人员往往主要由外来劳动力组成。此外，第二产业中不少工业是承接一些发展较早地区转移而来的企业，这类企业在跨地区

转移过程中往往在核心和重要的岗位保留其原有职工，对吸纳和解决当地劳动力就业的作用极为有限。

与2000年相比，2010年方山县在业人口的就业结构发生了明显的变化，主要表现为第一产业就业人数的下降和第二、第三产业就业人数的上升。其中，第一产业就业人口比重下降13.3个百分点，第二、第三产业就业比重分别上升10.3个百分点和3个百分点。图3-8显示，截至2010年，该县就业人口中第一产业就业比重仍占2/3左右，明显高于其他产业就业人口比重之和。这一人口就业的产业分布特征表明，提高全县人口的就业层次、加快第二和第三产业的发展是促进当地社会经济协调健康发展所亟须解决的现实问题。

针对上文发现的2000~2010年间方山县在业人口就业结构的变化，本研究进一步探讨了第二产业就业比重上升的原因。通过对比2000年和2010年各细分行业的就业数据，研

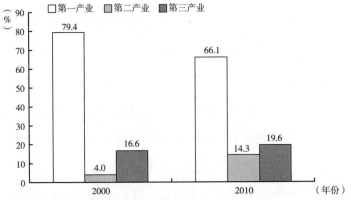

图3-8　方山县在业人口的产业构成特征（2000年和2010年）

资料来源：同图3-1。

究发现，考察时期内第二产业就业比重的上升主要源于采掘业和建筑业就业人口的大幅增加。2000 年方山县在业人口中，采掘业和建筑业就业人口的比重分别为 0.6% 和 0.5%，相应比例到 2010 年分别上升到 6.0% 和 5.2%，二者合计上升 10.1个百分点。这些就业结构的变化体现了 21 世纪以来大规模矿产资源开发以及相关厂矿企业和基础设施建筑为当地人口非农转移带来的机会，这些机会无疑提高了当地居民的收入，但这些就业机会往往是以密集型体力劳动为特征，有可能伴随着更大的健康风险和疾病隐患。因而，这些就业结构的改变对当地居民致富的综合效应如何，仍需要结合更多方面、更为详尽的资料进行探讨和评估。

（2）不在业人口状况

除在业人口外，各时期均有一定比例的人口处于不在业状态。据人口普查统计，2000 年普查时点方山县 15 岁及以上人口中登记为不在业的人口约占 35.7%；到 2010年，相应不在业人口比重为 40.7%。受人口年龄结构的影响，这些不在业人口中有相当比例属于非经济活动人口。不过，以农业劳动为主的就业格局也意味着，部分实际从事农业劳动的人口已超过法定劳动年龄，进入老年；同时，也有部分登记为"料理家务"者实际为农业劳动的从业者。该县不在业人口中超过半数的人登记不在业原因为"料理家务"，2000 年和 2010 年不在业人口中相应"料理家务"的人口占比分别为 61.5% 和 53.7%。

值得一提的是，非在业人口中，有相当比例的人为在校学生，相应比例随时间呈上升趋势。2000 年，该县 15

岁及以上不在业人口中，约有9.2%的人为在校学生；到2010年，相应比例上升到14.4%。对比两个时点全县人口的年龄结构，15岁及以上人口中处于大学及以下学龄的人口比重相差不大，2000年15~24岁人口占15岁及以上人口的比重约为23.7%，2010年相应年龄的比重约26%。由此推断，不在业人口中在校学生比例上升并不能完全由两个时点人口年龄结构的差异所解释，人口教育的发展，特别是中、高等教育在校人口的增长是相应上升趋势的重要原因。这也从一个侧面反映了方山县人力资本的发展状况。

第三节　调研贫困县的贫困问题

上一节从人口总量、结构与社会经济活动状况出发，分析了方山县人口的基本特征。研究发现，当前该县人口的突出特征包括，人口年龄结构即将开启快速老化、总体教育水平偏低、农业人口和农村人口比重高、人口就业层次不高等。这些特征与当地社会经济发展紧密相关，是影响贫困发生和潜在脱贫致富能力的重要方面。

如前所述，在20世纪80年代中央政府最早开始划定贫困县、设计和实施专门的扶贫政策时，方山县已被列为国家级贫困县。经过30余年国家扶贫计划的帮扶，当地人口的生活状况得到了多方面明显的改善；然而，到目前为止该县的社会经济发展状况仍远低于全国平均水平，居民人均收入明显低于现行的贫困线。全国县域统计资料[①]显示，2010年方山县的城乡居民年末人均储蓄存款余额甚至低于国家扶贫工作重点县的平均水平。因此，贫困问题仍然是当地人口与社会经济发展中面临的重要现实。方山县人口的贫困发生情况、脱贫攻坚中面临的现实问题与挑战，不仅关系着精准扶贫工作的成效和当地居民小康梦的实现，也是我国实现"两个一百年"奋斗目标的战略要求。

一 贫困发生情况

为配合国家脱贫攻坚计划和精准扶贫政策，2014年以来，建档立卡[②]制度在全国各农村地区全面铺开。各级地方政府根据辖区内农村贫困情况逐级确定贫困人口规模，对农村贫困户进行包括贫困类型、贫困原因等数据信息的采集和管理，建立贫困人口数据库。[③]方山县的贫困人口

---

① 参见《中国县域统计年鉴（2011）》。

② 《国务院扶贫办关于印发〈扶贫开发建档立卡工作方案〉的通知》（国开办发〔2014〕24号），http://www.whfp.org/fupinyaowen/lingdaoguanhuai/2014-04-14/1766.html。

③ 根据国开办发〔2014〕24号文件精神，建档立卡的对象包括贫困户、贫困村、贫困县和连片特困地区。其工作目标在于通过建档立卡，对贫困户和贫困村进行精准识别，了解贫困状况、贫困原因、实际帮扶需求和帮扶主体，从而精准设计和实施扶贫措施、实现精准脱贫。文件要求，"2014年年底前，在全国范围内建立贫困户、贫困村、贫困县和连片特困地区电子信息档案，并向贫困户发放《扶贫手册》"。建档立卡的基本做法是，以国家统计局发布的2013年底全国农村贫困人口规模（8249万人）为基准，各省结合本省贫困人口统计数据进行必要的调整，确定贫困人口识别规模。在此基础上，各省将贫困人口识别规模逐级分解到行政村，形成各村建档立卡贫困人口的基准规模。贫困户的识别进一步根据农户收入，结合住房、教育、健康等情况，实施农户申请、民主评议、公示公告和逐级审核的方式，整户识别。

数据显示，在 2014 年建档立卡制度实施之初，全县贫困村占该县村庄总数的七成左右；就贫困人口规模而言，建档立卡贫困人口占全县农村人口总数的四成以上（约 43%）。

由建档立卡贫困户的分布情况来看（如图 3-9 所示），贫困现象不仅在贫困村高发，而且不同程度地发生在非贫困村中。方山县各村的贫困发生率显示，2014 年建档立卡之初，全县贫困村的建档立卡贫困人口比重最低在 10% 左右，最高近 90%，这些贫困村的贫困人口比重的平均值约为 56%。图 3-9 中显示了各村贫困发生情况的分布特征，其中，由贫困人口占比的四分位值可知，在该县贫困村中，大约有 1/4 的贫困村建档立卡贫困人口占比在 66% 以上。贫困村贫困人口比重的中位数为 57.5%，也即，约有一半的贫困村建档立卡贫困人口在 57.5% 以上，另外一半的贫困村相应贫困人口比重在 57.5% 以下。

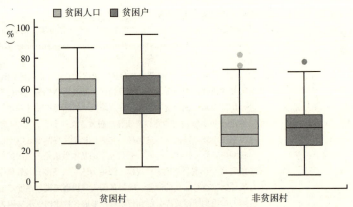

图 3-9　2014 年方山县贫困村与非贫困村的贫困发生率分布状况

资料来源：作者根据方山县建档立卡数据整理而得。

与贫困村相比，在非贫困村中，建档立卡贫困人口比重平均较低，其均值约为35%。不过，这些非贫困村的贫困发生率也存在明显的差异，建档立卡贫困人口比重从5%左右到80%不等。在非贫困村中，1/4的村庄中贫困人口比重超过43%（第三四分位值）；贫困人口比重在30.2%之上和之下的村庄各占一半。

这些数据表明，在当前扶贫攻坚阶段，贫困的发生情况呈现新的特征，一方面，贫困人口与贫困村已不存在严格的对应关系；另一方面，贫困现象在一些典型的贫困地区仍然高发，成为当前脱贫攻坚面临的严峻挑战。总体而言，贫困人口与贫困户的分布较为接近，这一方面是由于建档立卡贫困人口的识别采取整户识别原则，人均收入低于贫困线的户被确定为建档立卡贫困户，其所有成员均为建档立卡贫困人口；另一方面，二者的分布接近，也反映了贫困户与非贫困户的户均人口规模差异不大。

二 贫困人口构成

表3-1展示了方山县建档立卡贫困人口的主要人口与社会经济特征。由表中数值可见，该县的贫困人口的年龄分布范围较广；相对而言，贫困人口中年轻人群所占比重较高。在所有建档立卡贫困人口中，24岁及以下人口所占比重接近1/3（32%），65岁及以上人口约占11.8%。全县贫困人口的年龄结构与总人口年龄结构较为接近（参见上文图3-2），从一个侧面反映了当地人口贫困发生情况较

为普遍的现实。贫困人口的性别构成男性多于女性,这一结构特征也与当地总人口的性别构成相类似。

表 3-1　方山县贫困人口的主要人口与社会经济特征

单位:%

项目	占比	项目	占比
年龄		健康状况	
15 岁以下	15.65	健康	79.53
15~24 岁	16.32	患有大病	2.92
25~34 岁	14.87	长期慢性病	13.12
35~44 岁	11.64	残疾	4.43
45~54 岁	17.51	劳动力特征	
55~64 岁	12.23	无劳动力	38.53
65 岁及以上	11.77	普通劳动力	59.47
性别		技能劳动力	0.46
男性	54.63	丧失劳动力	1.50
女性	45.37	主要劳动类型	
受教育程度		农业劳动/其他	75.80
小学及以下	50.19	乡(镇)内务工	16.29
初中	38.87	乡(镇)外县内务工	2.60
高中/职业中学	7.70	县外省内务工	4.71
大专及以上	3.25	省外务工	0.60
在校状态			
不在校	75.62		
在校	24.38		

资料来源:同图 3-9。

建档立卡贫困人口的教育状况显示,方山县贫困人口的受教育水平明显偏低。受教育程度为小学及以下者占贫困人口总数的 50.2%,明显高于该县总人口中相应教育程度的比例(参见上文图 3-7);与之相对,贫困人口中接受过高中及以上教育的比重约 11%,低于总人口的相应比重。与贫困人口受教育程度总体较低的特征相适应,不少贫困人口(约

占贫困人口总数的 1/4）当前正在接受教育。这可能在一定
程度上反映了因学致贫对当地贫困发生情况的影响。

贫困人口的健康状况总体较差。在全县建档立卡贫困
人口中，存在各种健康问题的人约占 20%。其中，不少贫
困人口（占贫困人口总数的 13.1%）长期患有慢性病；此
外，约有 4.4% 的贫困人口身体残疾，患有重大疾病的贫
困人口接近 3%。这些疾病和伤残特征无疑对当地人口的
劳动能力产生了不利影响。在全县建档立卡贫困人口中，
有劳动能力的人仅占六成；这些劳动力多数为普通劳动
者，不具备特殊的劳动技能。这也在一定程度上决定了这
些贫困人口中务工的比例很低，不足 25%；且务工所在地
主要在本乡镇。与当地经济发展水平相联系，这些贫困人
口的劳动特征意味着其个人和家庭收入改善的空间较小。

三　当前的脱贫进展

精准扶贫政策实施以来，方山县扶贫工作取得了重要
的成效。据建档立卡贫困信息统计，2014 年，方山县全县
建档立卡贫困人口中约有 1/5 的人实现脱贫，贫困村与非
贫困村脱贫人口的比重差异不大。2015 年，全县新增脱贫
人口占建档立卡贫困人口总数的 1/4 左右；2016 年，相应
新增脱贫人口比重有所下降，但其占比仍超过全县建档立
卡贫困人口的 10%。根据这些数据推算，截至 2016 年底，
全县建档立卡贫困人口中实现脱贫的比例累计应当在五成
以上（约为 56%）。

然而，各村的具体脱贫数据显示，部分村庄在实施建档立卡的三年间，累计脱贫人口比重超过100%。这些数据揭示了一个重要的现实，即已脱贫人口的返贫风险值得警惕。[①]就方山县而言，建档立卡贫困人口当前的贫困状态显示，全县返贫人口约占已脱贫人口的1.7%。由此可见，在脱贫攻坚阶段，由于各地面临的贫困问题比以往更为复杂、顽固，这也就意味着，当前扶贫攻坚不仅脱贫目标不易实现，脱贫成果的巩固也可能面临比以往更为艰巨和严峻的考验（见图3-10）。

尽管贫困山区的脱贫之路困难重重，脱贫成果脆弱性突出，值得肯定的是，随着国家扶贫计划的深入开展和精准扶贫政策的推行，贫困地区人均经济状况得到了重要的提升。方山县的扶贫资料显示，截至2016年，全县贫困村中约有20%实现了"整村脱贫"。对比这些已实现整村脱贫的村庄与尚未脱贫村庄的情况可见，在整村脱贫的村庄中，2014~2016年间累计脱贫的贫困人口比例明显较高。由此可见，村庄的脱贫不仅意味着村民整体经济状况的改善，其村民人均收入提高到国家贫困线标准以上；而且往往伴随着贫困人口规模的同步下降。这些发展的成果具有重要的意义，对尚未脱贫的村民有发挥示范、辐射或（公共资源）间接转移帮扶的效应。例如，先富或率先实现脱贫的村民可能通过致富/脱贫方式示范、创办实业吸纳就

---

① 除返贫现象以外，影响精准扶贫成效的另一个重要方面是新增贫困问题。各地的扶贫实践中，新增贫困人口是否及时、全面地实现建档立卡，相应问题仍有待进一步探讨；本章暂不考虑新增贫困问题，具体分析将留待后面的章节中展开。

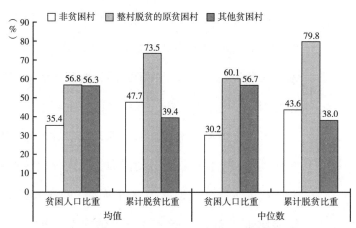

图3-10　方山县不同类型村庄的建档立卡贫困人口比重与累计脱贫情况
资料来源：同图3-9。

业、减少对公共福利等资源的占用等方式对贫困村民产生直接或间接的帮扶效应，从而推动更多的贫困人口脱贫致富。这些潜在效应的实际作用大小及其具体机制，还需要结合深入详细的调研具体开展讨论。

四　贫困的类型与主要成因

1. 贫困类型

按照贫困人口的特征及其享受的扶贫政策划分，贫困现象可以大致划分为一般贫困、低保贫困、五保贫困等不同的类型。与一般贫困户相比，低保贫困户和五保贫困户不仅具有贫困的特征，其人均纯收入低于国家贫困线标准；而且分别属于"低保"和"五保"的对象。根据国家相关保障制度的规定，低保贫困户是收入低于当地最低生活保障标准、符合当地最低生活保障家庭财产状况规定，因而享受政府提供的最低生活保障的贫困户。一般而言，这些低保户为家庭成员在获得最低生活保障后生活仍有困难、家庭人均纯收入仍低于贫困线的，按照贫困标准确定为低保贫困户。与之相对应，五保贫困户主要指五保户中人均纯收入低于国家贫困标准的对象，这些对象与一般贫困户相比具有如下特征：无劳动能力、无其他生活来源、无赡养或抚养人。他们通常为农村老人、残疾人或未成年人，按照政策①规定，享受政府提供的吃、穿、医、住、葬（或教）"五保"供养支持。

在多数地区，贫困人口中一般贫困人口的比例最高。方山县建档立卡数据显示，该县一般贫困、低保贫困、五保贫困分别占建档立卡贫困人口总数的 66.9%、31.7% 和 1.4%（见图 3-11）。由于这些贫困人口在贫困特征以外仍具有明显的差异，这些不同类型的贫困人口脱贫难易程度

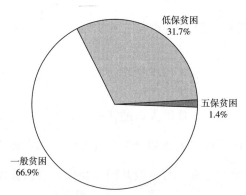

图 3-11　方山县建档立卡贫困人口的贫困类型构成

资料来源：同图 3-9。

①　如《农村五保供养工作条例》（2006 年国务院令第 456 号），参见 http://www.
gov.cn/flfg/2006–01/26/content_172472.htm。

以及返贫风险也因此而不同。图3-12对比展示了方山县不同类型的贫困人口在建档立卡3年后的实际贫困状态。由图3-12可见，经过3年脱贫攻坚政策的实施，该县建档立卡一般贫困人口中有超过一半的人实现了脱贫。与之相比，低保贫困和五保贫困人口中，顺利实现脱贫的比例均在1/3以下（分别为31.8%和27.6%）。这些数据表明，由于缺乏劳动能力、经济资源等特征，低保贫困人口与五保贫困人口的脱贫难度明显更大，其适用的扶贫措施具有特殊性；除国家"低保"、"五保"等保障制度提供物质与经济支持以外，往往需要专门的社会扶贫资源兜底帮扶。

值得注意的是，目前方山县一般贫困和低保贫困人口中均有一定比例的返贫现象。返贫风险的客观存在，要求对不同类型的贫困原因深入分析，对扶贫措施设计和实施的效率进行系统的考察。本研究以下部分将首先对方山县贫困人口的贫困原因进行分析。

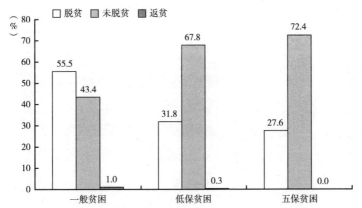

图3-12　方山县不同类型的建档立卡贫困人口当前贫困状态

资料来源：同图3-9。

2. 贫困成因

现实中，贫困问题的成因复杂多样，其作用机制盘根错节，往往难以简单加以剥离。尽管如此，关于贫困人口主要致贫原因的测量，往往能够在一定程度上反映致贫原因中的关键环节以及脱贫过程中的主要障碍，因而是贫困问题研究和扶贫工作的重要切入点。

建档立卡数据库收集了贫困人口的主要致贫原因，为了解和剖析贫困问题的关键环节、设计针对性的扶贫措施提供了重要的参考。根据方山县建档立卡贫困人口的相关信息（如图 3-13 所示），现阶段该县人口贫困的主要原因大致可以划分为以下几类：资源（如水、土地、交通条件等）、资本（包括资金、技术和劳力等物质资本与人力资本）及其他发展条件匮乏（73.1%），疾病或伤残（21.7%），子女教育负担（4.6%）和自然灾害（0.6%）等。其中，资金和技术的缺乏是当地贫困人口致贫的最典型的原因，二者合计占比接近六成。

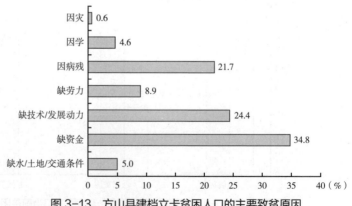

图 3-13　方山县建档立卡贫困人口的主要致贫原因

资料来源：同图 3-9。

如上文所讨论，不同类型的贫困人口具有不同的人口与社会经济特征，这些特征往往决定了其贫困的主要原因各不相同。为了了解不同类型的贫困现象背后的致贫原因，图 3-14 针对建档立卡一般贫困人口、低保贫困人口和五保贫困人口对比展示了各自的主要致贫原因。由图 3-14 可见，各类贫困人口的主要致贫原因差异显著。首先，对一般贫困人口而言，资金和技术缺乏是导致贫困的最典型原因；二者合计解释了一般贫困户中 70% 的贫困现象。其次，缺乏劳动力和伤残问题是仅次于资金/技术匮乏的重要致贫原因，二者合计解释了一般贫困户中 17.5% 的贫困现象。除此之外，缺水、缺土地或交通不便（6.3%），因子女上学而致贫（6.1%）也是影响一般贫困户贫困现状的重要原因；相对而言，因灾致贫在一般贫困户中所占比例相对较低（0.7%）。

与一般贫困户的主要致贫原因相区别，低保贫困户和

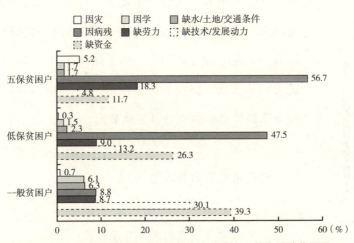

图 3-14　方山县不同类型的建档立卡贫困人口的主要致贫原因

资料来源：同图 3-9。

五保贫困户的致贫原因以疾病或伤残最为多见。方山县的低保贫困人口中，因疾病或伤残致贫的比例接近一半（47.5%）；对五保贫困人口而言，相应因疾病或伤残致贫的比例更高，约为56.7%。这一结果表明，疾病和伤残是威胁低保贫困人口、五保贫困人口脱贫的重要方面。与一般贫困人口相比，低保和五保贫困人口自我脱贫致富的能力受病残因素的限制性影响往往更大。相应的，这些类型的贫困人口可能需要不同类型的帮扶措施（如健康扶贫、社会兜底扶助等）。

除病残致贫外，低保贫困人口致贫的主要原因还包括缺乏资金、技术、劳动力等，这些致贫原因对低保贫困人口脱贫的重要性依次递减，分别占低保贫困人口主要致贫原因的26.3%、13.2%和9%。这些数据表明，除病残导致的支出负担和劳动力受限外，当前制约低保贫困人口脱贫的主要障碍包括自身物质资本和人力资本的匮乏。与之相比，五保贫困人口致贫的主要原因更为突出地表现为缺乏劳动力，相应致贫原因占比为18.3%。这一特征与五保贫困人口的鉴定标准相吻合，由于这类贫困人口自身无劳动能力，其脱贫之路受到根本性的制约，往往需要在更大程度上依靠社会福利支持以缓减贫困。

五 脱贫难度与返贫风险

1. 不同贫困问题的脱贫难度对比

如上所述，不同类型的贫困问题需要设计和实施不同的帮扶措施，这也是精准扶贫思想中"扶贫措施精准"的要求。事实上，不同类型的贫困问题也往往意味着潜在脱贫难度的差异。上文（见图 3-12）的分析从贫困人口类型出发，对比了各类贫困人口实际脱贫成效的差异，从一个侧面展示了脱贫难度与贫困类型的相关关系。以下部分将针对致贫原因，进一步分析不同贫困问题潜在脱贫难度的差异。

截至 2016 年底，方山县已实施建档立卡 3 年，其间，各类贫困人口中均有一定比例成功实现脱贫（如图 3-15 所示）。总体来看，一般贫困户的脱贫比例明显较高；不过，各类贫困人口的实际脱贫比例也因致贫原因而存在显著差异。就一般贫困人口而言，因"缺劳力"致贫的贫困人口在过去 3 年间脱贫的比例最高，接近 2/3（达 65.7%）；其次为因"缺资金"、"缺技术/发展动力"的贫困人口，其脱贫比例分别为 57.9% 和 56.5%。相比之下，"因病残"致贫的贫困人口在同一时期实现脱贫的比例最低，仅约 1/3（34.9%）。

对低保贫困人口而言，因"缺资金"致贫者实现脱贫的比例最高，约 44.1%；其次为"其他"、"缺技术/发展动力"的贫困者。与一般贫困人口相类似的是，"因病残"致贫的低保贫困人口在过去 3 年内实现脱贫的比例也明显低于其他类型的贫困原因，其脱贫比例仅为 23%。此外，对低保贫困人口而言，因"缺劳力"致贫者在考察时期内实现脱贫的比例次低，为 25.5%。这些结果表明，疾病和伤残对一般贫困人口和低保贫困人口构成了最大的脱贫障碍；相比之下，资金、技术缺乏型贫困往往更易于通过针对性的扶贫措施实现脱贫。一般贫困与低保贫困人口中，因"缺劳力"致贫实际实现脱贫的比例相差悬殊，其潜在脱贫难度的差异可能在一定程度上反映了这两类贫困对象"缺劳力"的持久性和严重性不同。由低保贫困者的"低保"福利制度筛选机制来推断，这一类型的贫困人口极有可能是长期面临严重的劳动力短缺，导致这一状况的原因可能与家庭成员中劳动年龄人口较少或有严重的持久性病患有关。关于相应人群脱贫阻碍的具体作用机制，本研究将在后面的章节结合访谈资料进行讨论。

与以上两种类型的贫困人口相区别，五保贫困人口中因"缺资金"、"因病残"致贫者在过去 3 年间实现脱贫的比例最高，分别为 37.4% 和 30.9%。除此之外，其他

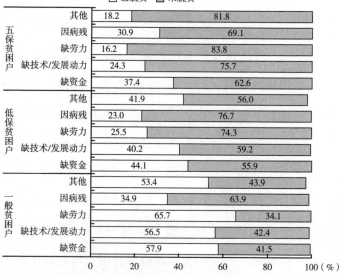

图 3-15　按贫困类型和致贫原因划分的方山县贫困人口 2014-2016 年间的脱贫成效

资料来源：同图 3-9。

致贫原因的贫困者实际实现脱贫的比例均在 1/6 到 1/4 之间（16.2%~24.3%）。总体而言，五保贫困人口实际脱贫的比例在不同致贫原因之间差异相对较小（极差为 21.2 个百分点，低于一般贫困人口的相应统计指标：30.8 个百分点），这可能与这类贫困人口主要依靠社会福利兜底实现脱贫有关。

2. 差异性返贫风险

不同贫困类型和致贫原因不仅意味着脱贫难度的差异，也在一定程度上隐含了返贫风险的潜在差异。图 3-16 展示了不同类型贫困人口的致贫原因与返贫风险的关系。由图 3-16 可见，方山县五保贫困人口尚无返贫现象，这一结果再次反映了这一类型贫困人口的特殊性及其使用扶贫措施的特征。对一般贫困人口和低保贫困人口而言，不同致贫原因的贫困对象中均有一定比例的返贫现象。其中，最为突出的返贫现象发生在致贫原因为"其他"的人群中，这一人群贫困的原因包括缺乏土地、水，交通条件差，因子女上学致贫，以及因灾害致贫等。对这些贫困群体进行具体的分析可见，因交通条件落后导致返贫现象尤为突出。初步的推测是，这一人群极有可能是从事交通运输工作或谋生手段高度依赖交通条件的群体，不过，这一人群高返贫率背后的作用机理如何，尚需要后文结合访谈数据进一步探究。

除上述贫困人群的返贫风险外，"因病残"致贫和"缺技术/发展动力"致贫的人群中返贫风险也相对较高。相应比例在一般贫困人群中明显更高。结合上文的讨论，疾病与伤残、技术缺乏是贫困人口脱贫致富的重要障碍，

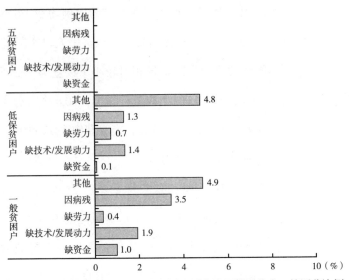

图 3-16　按贫困类型和致贫原因划分的方山县曾脱贫人口的返贫比例

资料来源：同图 3-9。

其中"因病残"致贫者不仅脱贫比例低（见图 3-15），而且返贫风险高。这一结果对当地扶贫工作提出了明确的警示，减少和控制疾病与伤残问题是深度贫困山区方山县实现持续稳健脱贫的必然要求。

第四节　小结

本章介绍了典型贫困山区方山县的主要社会经济与人口特征，结合全县建档立卡贫困人口数据，概括分析了该县的贫困发生情况、脱贫工作进展。通过分析该县建档立卡贫困人口的主要贫困类型和致贫原因，剖析了当前该县精准扶贫工作进展中的结构性特征，初步探讨了扶贫工作中面临的现实困难与挑战。本章总结如下。

首先，方山县产业结构与人口就业结构存在突出的错位问题，当前产业发展对当地居民脱贫致富的作用有限。目前，该县经济增长主要依赖第二产业，但人口就业结构则停留在以传统农业就业占绝对主体的状况。由于当地的非农产业发展起步较晚，目前的经济增长以资源开采型产业发展为主；其中，不少新兴的工业企业是承接发达地区转移的工业企业。尽管相应产业转移对促进当地经济增长具有重要的积极效应，然而值得注意的是，由于产业承接对当地劳动力就业的实际吸纳作用相当有限，这在一定程度上制约了其对当地居民收入和生活状况改善的潜在作用。在方山县的调研中发现，当地不少由外地转移来的工业企业，不仅核心技术和管理岗位由原有企业职工占据，而且受企业编制、合同等方面的限制，一些普通的就业岗位也很少能为当地劳动力提供就业机会。

其次，该县人口的人力资本水平偏低，劳动就业层次总体不高。一方面，成年人中文盲比例较高，超过全国平均水平。另一方面，目前该县总人口中男女两性的受教育程度以初中及以下为主，尽管近年来高中及以上学历的人口出现了较为明显的增长，但接受过高中及以上教育的比例仍明显偏低。与人口教育水平偏低的现状相联系，全县劳动年龄人口的经济活动特征突出地表现为第一产业就业占据绝对多数，第二、三产业就业的比重很低，二者合计仅约两成。这些为数不多的非农就业者也往往以体力劳动为主，就业层次总体偏低。

再次，受自然条件、历史原因以及人口和产业构成等因素的影响，该县的贫困发生率高、贫困问题持久、脱贫难度大。在建档立卡之初，全县农村人口中超过40%的居民生活在国家贫困线以下。贫困人口中，1/3左右的人属于低保贫困或五保贫困，其贫困的深度普遍高于一般贫困人口，脱贫进程面临更为严峻的困难。

值得注意的是，方山县贫困人口的病残比例较高，这既是当前人口贫困高发的原因之一，也是当地整体贫困的突出后果。本研究后续章节将对这一问题进一步展开探讨。

第四章

西相王村贫困问题的调研发现

第三章介绍了调研样本所在地方山县的主要社会经济与人口特征，从县级层次分析了建档立卡以来当地贫困发生状况、扶贫进展以及面临的困难与挑战（如返贫风险）。为了深入了解当地人口贫困的成因、剖析贫困发生与返贫风险的影响因素，本章将研究视角进一步聚焦到村庄和村民，通过在该县选取典型性村庄西相王村，并针对村庄以及村民样本收集详细的社会、经济等数据信息，从而进一步剖析当地的贫困问题，探讨脱贫路径。

第一节　调研的基本情况

一　调查设计

如前文所述，在国家扶贫计划实施数十年后，我国人口贫困问题呈现出新的特征。一方面，贫困人口的分布与贫困区县之间的对应关系开始复杂化，贫困问题不仅在贫困县、贫困村高发，也不同程度地分布在一些人均收入相对较高（如高于国家贫困线标准）的村庄和地区。另一方面，随着扶贫工作的不断推进，在脱贫攻坚阶段遗留的贫困问题往往更为顽固，脱贫困难大且返贫风险高。在这一现实背景下，贫困问题的研究需要结合不同贫困类型的地区、不同贫困状态的人口以及具体的贫困现象进行对比分析。

在"精准扶贫精准脱贫百村调研"的项目框架下，本研究在上文介绍的国家扶贫工作重点县（方山县）选取人口规模较大的村庄（西相王村）作为调研地。这一设计的部分原因在于，村庄人口规模较大，村庄内居民的社会经济、人口特征往往更具多样性；这对于了解不同类型、不同特征的人口贫困问题，提高村庄内家庭户抽样调查以及实证研究的效率具有重要意义。

除此之外，本研究所选取的样本村在贫困问题以及相关社会经济发展方面具有丰富蕴含。首先，该样本村地处国家扶贫工作重点县，当地不仅属于典型的连片贫困区，而且在近几十年来长时期持续处于贫困状态。特殊的自然条件、历史原因、人文社会等因素，决定了当地的社会经济发展不可避免地带有"贫困"的烙印。其次，该样本村本身不属于贫困村，其人均收入水平高于国家贫困线标准。这与当地多数村庄深陷贫困的发展现状形成鲜明对照，这在一定程度上意味着，样本村的发展路径有可能为当地其他村庄的脱贫致富提供借鉴。再次，尽管西相王村不在贫困村之列，该村庄中仍有大量人口和家庭户处于贫困状态。这也为研究当地的贫困问题、探索脱贫之路提供了重要的现实场景。基于上述考虑，本研究选取西相王村进行实地调研，并在数据资料可得的情况下对西相王村与相邻村庄进行对比。

在选中的样本村西相王村，调查采用分层随机抽样原则对家庭户进行抽样，样本框为本村家庭户户主的完整列表。根据抽样框中可得的信息，抽样设计中使用的分层变量主要包括家庭户的贫困状态和户主年龄。为了尽可能深入细致地反映当地的贫困问题、呈现不同类型的贫困现象，本研究的抽样设计采取了对贫困户过抽样（over sample）的方式。设计样本规模为60户，最终实际抽取的家庭户样本为63户，其中包括39个贫困户和24个非贫困户。

二 数据的收集

围绕贫困问题和扶贫进展，本研究结合问卷调查和非结构式访谈进行数据收集。调查的对象主要包括西相王村村委和选中的家庭户样本，问卷设计和实施在统一的项目设计框架下进行，这为数据资料的代表性和横向比较研究提供了必要的保障。

针对村委的问卷调查，主要包括如下内容：村庄的自然地理、土地资源及利用、人口与就业、经济发展、社区设施与公共服务、村庄科教文卫发展状况、村庄治理与基层民主、社会稳定、村集体财务状况、公共建设与农民集资、村级发展干预（2015 年和 2016 年）等。问卷还对样本村建档立卡贫困人口和基层扶贫工作队伍收集的详细信息进行整理，这些信息为系统了解样本村的发展状况及其潜在的影响因素、人口贫困问题以及扶贫工作进展提供了重要的数据资料。同时，村级问卷调查的内容与家庭户调查相联系，为综合理解当地贫困发生情况和脱贫困境提供了重要的背景数据。

此外，针对抽中的家庭户样本，问卷调查收集了以下多个方面的信息：家庭成员的主要人口与社会经济特征[1]、家庭住房状况与特征、经济收入与生活状况、健康特征与医疗、劳动与就业、安全与保障、政治参与、社会联系、时间利用、子女教育、扶贫脱贫等。这些信息涵盖了个人和家庭多个方面的特征，为测量和分析多维"贫困"问题提供了可能。与上述村级问卷调查相类似，家庭户问卷调查采取面对面的个人调查方式，具体实施时间为 2017 年

---

[1] 具体包括性别、年龄、受教育程度、婚姻状况、健康状况、劳动与就业特征、户口特征、各类社会保险资源等。

1~3 月。

除问卷调查外，本研究在调研初期、中期、后期分别对当地居民进行了数次深入访谈。访谈的内容主要围绕调查中发现的一些典型和特殊致贫原因进行，包括当地经济活动、村民就业状况与贫困发生情况，婚姻家庭事件与贫困现象，子女教育与贫困发生、健康问题与贫困，以及搬迁与贫困发生等，关于这些访谈信息的分析与讨论，将在下文结合问卷调查数据分析予以展开。下一节将首先对调查收集的数据进行介绍，后续章节将利用这些数据进行深入分析。

第二节　调查数据的描述性分析

一　样本村的基本特征

1. 村庄社会经济状况

本研究的样本村西相王村在方山县的中南部，距离县城约 20 公里。村庄由两个自然村组成，共有 4 个村民小组。与方山县其他村庄相类似，西相王村的经济生产活动以农业为主。村庄内耕地面积约 1600 亩，林地（退耕还林）面积近 500 亩；山区可耕地总量有限，人均耕地面积较少（不足 1 亩／人）。当地耕种的农作物种类主要有玉米、杂粮和土豆；由于无霜期较短，农作物的种植以一年一熟型为主，农忙季节集中在农历的四至九月。除农作物生产外，养殖也是该村经济发展的重要组成部分，目前村内有2个农民合作社和4个专业养殖大户。除此之外，村庄有集体企业2个。与相邻村庄相比，该村的整体经济发展状况相对较好，人均收入高于全县农村居民的平均水平。

尽管西相王村的经济发展状况在当地处于中上水平，不过，由于特殊的地理位置和地势特征等自然条件限制，当地的基础设施建设长期处于落后状态。直到2010年前后，西相王村的基础设施和公共服务才开始出现明显的改观。村级问卷调查数据显示，截至2016年底，村内主要道路基本实现硬化；但村庄内部以及通向村外的道路仍比较狭窄，不少路段路宽不超过2米。到2016年底，村庄主要道路有可用路灯；民用电入户率达100%。村民饮用水源中，集中供应的自来水约占80%，其余20%为受保护的井水或泉水。

近年来，西相王村的居民生活条件和社会服务状况有了明显改善。目前全村约有一半的家庭户居住在砖瓦、钢筋水泥结构的住房中，居住在危房中的家庭户已降到1%以下。村庄中多数家庭拥有电视机，一半左右的家庭使用卫星电视或有线电视；家中既未通电话、也没有手机的家庭户不足10%。与过去十余年来全国范围内新型农村合作医疗保险的快速扩展相适应，到2016年底，西相王村新型农村合作医疗保险的实际参保家庭已达到100%。同一时期，参加社会养老保险的家庭户达到四成以上。

除上述社会经济特征外，西相王村的教育文化发展状况在方山县农村中也处于相对较好的水平。调查显示，目前该村设有公立幼儿园和六年制小学，适龄儿童的入园和在校比例较高，接近100%。村内小学阶段教育资源较为丰富，生师比约8:1，绝大多数教师拥有大专或大学本科学历。与当地多数农村相类似，该村没有初中及以上学校，最近的初中坐落在乡镇，距离村庄5公里左右。不过，受教育质量差异和升学竞争的影响，西相王村中超过半数的适龄初中学生并未在本乡镇中学就读，而是选择在教育条件更好的县城或地级市上学。除学龄人口的教学资源外，西相王村也拥有一些面向普通村民的文化设施。村庄内有公共图书室和体育健身场所各1个，目前这些文化设施的实际利用率不高。

2. 人口特征

2016年底，西相王村的常住人口总数接近2500人，全村约有700个家庭户。无论从人口规模或家庭户总数来看，西相王村在当地均属于人口大村；其人口规模在方山县村级单位中位列最高前5%。该村的人口构成较为简单，常住人口中超过98%的人为本村户籍人口，汉族人口在全部村民中占比接近100%。村庄户籍人口中，外出人口占比在2%左右，主要流向包括村庄所属的乡镇、县城和地级市。

2016年底，西相王村常住人口中实际劳动力约占1/3；其余2/3的村民或未在劳动年龄段，或因病残等原因不具有劳动能力。现有劳动力主要在当地从事经济活动，外出务工半年以上的劳动力占村庄劳动力总数的 1% 左右。这些外出务工劳动力从事的经济活动主要集中在住宿餐饮业、建筑业和交通运输业。

村庄常住人口的总体受教育程度不高，文盲、半文盲人口占总人口的 10% 左右。在劳动年龄人口中，教育程度构成以初中学历为主；在新增劳动年龄人口中，初中或高中学历者所占比重较大。这些特征在一定程度上反映了当前高等教育和职业教育发展的局限性，新增劳动年龄人口在初中毕业后终止教育，可能不利于当地人力资本的积累与发展。除教育特征外，西相王村常住人口的健康状况也值得关注。村级调查数据显示，2016 年底该村残疾人口占总人口的 2% 左右，患大病的人口占村民总数的 1% 左右。这些大病和残疾人口的年龄结构如何、具体病残类型和程度如何？这些问题对当地人口与社会经济发展有着重要的影响，囿于村级调查未收集村民健康状况的详细信息，相应问题将在下文利用村民样本进一步探讨。

3. 贫困状况与扶贫工作

尽管西相王村在当地并不属于贫困村，目前村民人均收入①高于国家贫困线标准；但是，该村庄内仍有不少贫困人口。村级调查数据显示，2016 年底全村建档立卡贫困户有 200 户左右，建档立卡贫困人口 500 余人，占村庄总人口的 1/4 左右。由于建档立卡贫困人口基数最早是根据

---

① 2016 年，西相王村村民的人均纯收入约 4000 元。

各地贫困人口率估计确定的，西相王村的实际贫困发生率明显高于建档立卡数据库的信息。2016年底，该村实际贫困户有250余户，贫困人口总数超过700人。

就贫困类型而言，西相王村的贫困人口包括一般贫困人口、低保贫困人口和五保贫困人口等，后两类贫困人口合计约100人，占贫困人口总数的14%左右。根据建档立卡数据统计，2015年该村贫困人口中接近190人实现脱贫，这些脱贫案例全部源于社会兜底。2014年和2016年该村年度实现脱贫人数均为0。截至2016年底，西相王村尚未实现脱贫的人口接近500人，占全部建档立卡贫困人口的七成左右。这些贫困与脱贫数据勾画了西相王村的贫困现状和扶贫工作进展的基本特征，也从一个侧面揭示了当地贫困问题的持久性和顽固性，以及实现脱贫致富的挑战性。

精准扶贫实施以来，各地扶贫工作的突出特点是广泛动员社会成员参与扶贫、选派干部入驻帮扶。2016年底，西相王村开始有市属单位派驻的第一书记负责脱贫帮扶工作。调查数据表明，截至调查时点，短短的两个月第一书记参与和组织开展的扶贫工作就包括重新识别贫困户、诊断致贫原因、帮助贫困户制定脱贫计划、帮助落实帮扶措施、参与脱贫考核以及接待和处理群众上访事件等。这些工作部署和实施情况如何？能否如期转化为当地农民脱贫致富的成果？这些问题的答案，还需要结合微观家庭户的调查数据进行探讨。

二 家庭户调查样本描述

与上述村级问卷调查相类似，本研究针对西相王村抽中的家庭户样本进行了家庭户问卷调查，收集了丰富的定量数据信息。这些数据为了解当地微观家庭户的贫困状况、脱贫经历提供了重要的一手资料，也为理解上述村级调查数据中脱贫进展提供了详尽的信息。

本研究考察的重点是贫困山区的脱贫之路。从上文的分析可以看到，在当前脱贫攻坚时期遗留的贫困问题往往更为复杂和顽固，这一点在贫困山区尤为突出。鉴于此，本研究在西相王村家庭户抽样调查中采取对贫困户过抽样的设计，以期尽可能地反映不同类型、不同特征的贫困现象，为深化贫困问题研究提供尽可能丰富的信息。本研究中，家庭户抽样调查的有效样本 63 户[①]，贫困户占六成左右。

在对贫困问题进行深入分析之前，本小节首先对西相王村样本家庭户的基本特征进行必要的统计描述。鉴于本研究抽样过程中使用贫困状态作为分层变量之一，以下将对贫困户与非贫困户进行描述性分析。

1. 人口与家庭特征

表 4-1 展示了西相王村样本家庭户的主要人口与家庭特征。表中数据显示，在被调查的家庭户中，贫困户的

①　尽管调查的设计样本量为 60 户，考虑到调查实际收集的问卷中 63 份均为有效问卷，本研究的分析将保留全部 63 个家庭户样本。这一处理一方面是为了尽可能地保留样本和数据的多样性，避免信息的浪费；另一方面，这一处理也符合本研究主要目的，即分析现有贫困问题的特征、成因以及可能的脱贫方式，而非对贫困人口总体与结构进行统计推断或预测。

户主年龄明显偏老。在被访样本中，四成以上的贫困户户主年龄在 60 岁及以上，非贫困户户主的相应比例约为 37.5%；与之相对，被访贫困户中，户主年龄在 45 岁以下的比例约 5%，比非贫困户相应比例低近 20 个百分点。

表 4-1　西相王村家庭户样本的主要人口与家庭特征

单位：%

指标	非贫困户	贫困户	指标	非贫困户	贫困户
户主年龄			平均户规模（人）	3.13	2.72
44 岁及以下	25.00	5.13	户内儿童数（18 岁以下）		
45~49	12.50	23.08	0	75.00	76.92
50~54	16.67	7.69	1	8.33	15.38
55~59	8.33	23.08	2+	16.67	7.69
60~64	29.17	15.38	户内老人数（65 岁及以上）		
65 岁及以上	8.33	25.64	0	87.50	74.36
户主婚姻状况			1	4.17	5.13
已婚	95.83	89.74	2	8.33	20.51
未婚	0.00	2.56	户内离异成员数		
离异	0.00	2.56	0	100.00	97.44
丧偶	4.17	5.13	1	0.00	2.56

资料来源：精准扶贫精准脱贫百村调研西相王村调研。

说明：本章统计图表，除特殊标注，均来自西相王村调研。

除此之外，贫困户的其他人口及家庭特征也与非贫困户存在明显差异。户主的婚姻状况从一个侧面反映了家庭户的特征，以及家庭关系的健康完整性。调查样本中，贫困户的户主处于完好婚姻状态的比例明显低于非贫困户。被调查的非贫困户中，除 4.2% 的户主目前处于丧偶状态外，其余目前均为"已婚"。与之相比，贫困户中目前处于"已婚"状态的仅约九成（89.7%），其余10%的户主目前并没有完好的婚姻关系。结合这些户主的年龄特征（最小为36岁），不论是未婚或是离异，[①] 贫困户户主非完好的婚姻状况一定程度上反映了其在婚姻市场中的劣势，以及（与婚姻关系相关的）家庭资源的缺失。这一现状既有可能是贫困的后果，也可能对脱贫产生不利的影响。

与非贫困户相比，贫困户的户规模平均更小。样本中，贫困户的户规模平均约2.7人。这些家庭户的人口构成显示，被访贫困户中未满18岁的儿童数量相对较少，平均约0.3个；有一个儿童的贫困户约占15.4%，有两个及以上儿童的贫困户仅约7.7%。与之相对，非贫困户中有一个儿童、两个及以上儿童的比例分别为8.3%和16.7%。此外，贫困户的人口构成还突出表现为老年人数量较多。与非贫困户相比，被访贫困户的户均老年人数（约为0.5，前者约0.2）多出1倍；5%的被访贫困户中有一个老人，20.5%的贫困户家中有两个老人。

综合上述数据，相对于非贫困户而言，贫困户家庭在人口及婚姻家庭等特征中呈现不同程度的脆弱性，不同类型的婚姻失败极有可能削弱家庭和社会资源，家庭成员的年龄结构偏老意味着劳动力的短缺，以及随年龄增长疾病等负担加重。由此也不难理解上文发现的西相王村近年来脱贫进程缓慢，且脱贫主要依赖社会兜底的现状。

----

① 由于调查样本总量较小，这些比例不宜用于对村民婚姻状况的总体分布进行推断。不过，本研究在实地调查和访谈过程中也发现，近年来离婚现象在当地有上升趋势，对当地家庭稳定和发展造成了明显的不利影响。

2. 教育与健康特征

表 4-2 展示了西相王村被访家庭户成员的教育和健康状况。由被访家庭户户主的教育特征来看，贫困户户主的教育状况明显不及非贫困户。在被访贫困户中，接近八成的家庭户主受教育程度不超过小学，接受过高中教育的仅占 7.7%。与之相比，被访非贫困户中，1/3 左右的家庭户主受教育程度为高中或中专，相应比例比贫困户高出近 26 个百分点；非贫困户中户主受教育程度在小学及以下的比例约为 54%，明显低于贫困户的相应比例。

表 4-2 西相王村被访家庭户成员的教育与健康特征

单位：%

指标	非贫困户	贫困户	指标	非贫困户	贫困户
户主受教育程度			平均户内健康成员数	1.75	1.13
小学及以下	54.16	79.49	户内无健康成员	37.50	48.72
初中	12.50	12.82			
高中	29.17	7.69	户内残疾人数		
中专	4.17	0.00	0	91.67	87.18
户内成员最高受教育程度			1	8.33	10.26
小学及以下	20.84	53.85	2	0.00	2.56
初中	25.00	10.26	户内患慢性病人数		
高中	25.00	12.82	0	33.33	20.51
中专	12.50	5.13	1	33.33	35.90
大专及以上	16.67	17.95	2	33.33	43.59
户内在校学生数			户内患大病人数		
0	54.17	66.67	0	75.00	79.49
1	16.67	10.26	1	20.83	20.51
2+	29.17	23.08	2	4.17	0.00

除户主的教育特征外，贫困户家庭成员的总体教育水平也明显不及非贫困户。表 4-2 中显示了两种家庭户（贫困户与非贫困户）中家庭成员最高受教育程度的差异，超

过一半（53.8%）的贫困户家庭成员最高受教育程度为小学及以下，非贫困户中相应比例（20.8%）低一半以上。与之相对，贫困户中家庭成员最高教育程度为初中、高中、中专的比例均明显低于非贫困户。此外，贫困户中在校学生数量也比非贫困户更少。这些数据表明，贫困户的教育资本总体较低，其部分原因在于这些家庭户的人口年龄结构较老，其教育资本的劣势因而相对突出；除此之外，贫困户人口的教育资本较低，也在一定程度上反映了贫困与教育投资、教育发展的复杂关系。一方面，贫困状况可能抑制教育投资，导致失学等不利于家庭成员教育积累的后果；另一方面，在目前后义务阶段教育支出高额，以及高等教育预期回报较低的现实背景下，教育支出也成为导致贫困的原因之一。对贫困山区而言，这些问题尤其值得关注。

除教育特征外，贫困户与非贫困户人口的健康状况也存在重要差异。如表 4-2 所示，被访贫困户中平均健康成员的数量（1.13）少于非贫困户（1.75）。被访贫困户中，接近一半（48.7%）的家庭没有健康成员，而非贫困户的相应比例明显较低（约 37.5%）。贫困户家庭中有残疾、慢性病的比例明显更高，分别为 12.8% 和 79.5%，比非贫困户的相应比例分别高出 4.5 和 12.8 个百分点；此外，贫困户家庭的户均残疾人数量、慢性病人数也更多。除此之外，值得注意的是，近年来大病问题已成为致贫的重要原因，家庭成员患有大病不仅意味着沉重的医疗负担，而且可能导致家庭实际劳动力的减少。在西相王村的被访家庭户中，不仅有两成左右的贫困户家庭中目前有大病患者，非贫困户中也有 1/4 左右的家庭目前有患大病成员。这一现状有可能影响当地居民的生活状况，对贫困问题的发生和当地的脱贫具有深刻的影响。

3. 社会与经济活动参与状况

表 4-3 展示了被访家庭户的主要社会和经济参与状况。被访家庭户户主的主要社会经济参与状况显示，贫困户的户主对社会活动的参与程度相对较低，均为普通村民（100%）；与之相比，非贫困户的户主中则有一定比例（8.3%）为村民代表或参与其他社会身份。被访户主的劳动自理能力从一个侧面反映了其经济活动参与能力。由表中数值可见，贫困户中不少户主部分或全部丧失劳动能力。被访贫困户样本中，完全丧失劳动能力的户主占比超过一半（51.3%），另有 12.8% 的户主仅拥有部分劳动能力；拥有完全劳动能力的户主仅占 1/3 左右（35.9%）。相比之下，在非贫困户样本中，七成左右的户主拥有完全劳动能力，无劳动能力的户主占比为 25%，比非贫困户的相应比重低一半。

表 4-3　西相王村被访家庭户的社会经济活动特征

单位：%

指标	非贫困户	贫困户	指标	非贫困户	贫困户
户主主要社会身份			普通全劳动力	70.83	35.90
普通村民	91.67	100.00	部分丧失劳动能力	4.17	12.82
村民代表或其他	8.34	0.00	无劳动能力但有自理能力	25.00	46.15
户主劳动自理能力			无自理能力	0.00	5.13

指标	非贫困户	贫困户	指标	非贫困户	贫困户
户内劳动力数			户内务工人数		
0	25.00	48.72	0	70.83	79.49
1	20.83	23.08	1	16.67	10.26
2+	54.17	28.21	2+	12.50	10.25

与上述人口特征、人力资本状况的差异相联系，被访家庭户的劳动力数量和实际经济活动类型存在明显差异。表4-3显示，贫困户中，23.1%的家庭仅有一个劳动力，28.2%的家庭至少有两个劳动力。与之相比，超过一半（54.2%）的非贫困家庭至少有两个劳动力。被访家庭的经济活动类型显示，西相王村村民主要从事农业生产活动，70.8%的非贫困户家庭中无人从事非农经济活动，16.7%的家庭中有一人有非农劳动经历，其余12.5%的家庭至少有两人有务工经历。类似的，被访贫困户中，接近80%的家庭无人从事非农经济活动，有一人或两人及以上从事非农经济活动的家庭占比均在10%左右，低于非贫困户的相应比例。

综上所述，本节主要介绍了调研数据的基本情况，分别从村级和家庭户两个层面展示了调研地的社会经济与人口特征、贫困人口的基本状况。这些数据包含了多个方面丰富的量化信息，为定量考察当地贫困问题提供了重要的资料。本章第三节将利用这些数据开展进一步的分析，探讨当地贫困问题的根源以及脱贫出路。

第三节 西相王村村民的贫困现状分析

一 贫困类型与致贫原因

家庭户调查数据显示，西相王村被访贫困户中，约有90%的家庭为一般贫困户，其余10%为低保贫困户。与该村全部建档立卡贫困人口相比，本研究调查的一般贫困人口占比略高，[①]其他类型的（低保和五保）贫困人口占比较低。

表4-4 西相王村被访贫困户的贫困类型和主要致贫原因

单位：%

指标	被访家庭户样本	该村建档立卡人口
贫困类型		
一般贫困	89.7	71.6
低保贫困	10.3	27.0
五保贫困		1.4
主要致贫原因		
生病 / 残疾	71.8	58.6
子女教育支出	10.3	7.6
缺技术 / 发展动力	5.1	8.9
缺劳力	10.3	5.0
缺资金	2.6	19.8
其他	0.0	0.2

① 西相王村建档立卡贫困人口中，一般贫困户约占71.6%。

调查数据显示，当地人口贫困的主要原因包括：病患或残疾、缺乏劳动力、子女教育支出、缺乏技术、缺乏资金等。在本研究调查的贫困户样本中，超过七成（71.8%）的家庭致贫的主要原因是生病或残疾；家庭贫困的主要原因是子女教育支出、缺乏劳动力，分别占一成左右。除此之外，缺资金、缺技术或发展动力也是该村被访贫困户较为常见的致贫原因。由调查数据所揭示的致贫原因可见，病残是西相王村人口贫困的首要原因。事实上，病残对当地居民贫困现象的突出影响不仅反映在调查数据中；对该村所有建档立卡户的贫困原因进行分析同样可见，在所有贫困人口的致贫原因中生病或残疾占比最高，超过所有其他致贫原因之和。这一点也与上一节村庄调查数据中所揭示的当地的脱贫进展相呼应，从一个侧面解释了当地贫困问题持久顽固、扶贫难度大的部分根源。

在上述致贫原因中，除病残因素外，劳动力短缺和子女教育支出对当地人口和家庭贫困发生情况有着不可忽视的影响。这些原因可能相互独立，也可能存在潜在的相关关系。结合当地家庭户人口规模和结构的特征可知，近年来受社会转型和一系列社会政策[①]的间接影响，家庭呈现明显的小型化、核心化趋势。这样，家庭户劳动力的短缺，一方面可能与家庭人口年龄结构老化导致的劳动力数量下降有关；另一方面，子女上学、家庭成员患病等重要事件也可能在客观上造成短期或长期的劳动力短缺。本研

---

① 例如，不少地区在对居民设计和实施补贴政策时采取按户原则，生活用水、用电定价系统也隐含着鼓励家庭户小型化的政策规定。

究在家庭户调查问卷中，除收集被访贫困户的主要致贫原因外，还询问了其他的致贫原因。数据结果显示，87.2%的贫困家庭汇报的致贫原因中包含"生病"，10.3%的贫困家庭汇报的致贫原因中包含"残疾"；此外，79.5%的被访家庭汇报"缺劳力"为其致贫的部分原因，23.1%的家庭汇报"子女上学"为其致贫的部分原因。这些数据表明，不同致贫原因之间存在复杂的相关关系。因此，解决贫困、实现脱贫致富需要从多个角度出发系统深入地考察贫困问题，剖析其贫困的特征与制约脱贫的关键环节。

二 贫困问题的多维视角

为了更为全面地理解调研地西相王村的贫困现象，本研究利用家庭户问卷调查收集了被访家庭收入与支出、住房、健康、教育等多个方面的信息。以下将利用这些数据信息，对比贫困户与非贫困户在这些不同维度的异同。

1. 收入与支出

调查数据显示，贫困户的人均收入明显低于非贫困户。如表4-5所示，2016年被访贫困户自报的家庭人均纯收入均值1571元，略高于现行国家贫困线标准（2800元）的一半；大约有一半的被访贫困户家庭人均纯收入在1076元以下，另外一半在1076元以上。与之相比，被访非贫困户的家庭人均纯收入为2375元；在这些被访非贫困户中，一半的家庭人均纯收入在1360元以下，其余超过1360元。这些数据表明，一方面，贫困户的人均收入明显低于非贫困户，以均值进行粗略比较，贫困家庭的人均纯收入仅约相当于非贫困家庭的 2/3。另一方面，现实中贫困问题可能存在低估，被访非贫困户中超过一半的家庭人均纯收入在现行国家贫困线标准以下。当地的建档立卡数据也显示（参见本章第二节西相王村的建档立卡数据分析），除建档立卡贫困人口外，仍有一定比例的实际贫困人口由于配额等原因而实际未登记在建档立卡数据库中，类似的现象在其他贫困地区也有发生。[1]

表 4-5　西相王村被访贫困户与非贫困户的收入及支出状况对比

指标	非贫困户		贫困户	
	中位数	均值	中位数	均值
2016 年人均纯收入（元）	1360	2375	1076	1571
2016 年家庭收入结构（%）				
农业经营净收入占比	14.5	36.7	13.3	34.6
非农经营净收入占比	0.0	18.4	0.0	8.1
赡养性收入占比	0.0	36.9	0.0	4.5
其他收入（略）				
2016 年家庭支出结构（%）				
食物支出占比	16.7	22.6	22.7	23.7
教育支出占比	2.3	27.0	0.0	17.3
医疗支出占比	13.0	44.5	25.9	45.0
礼金支出占比	9.7	12.3	10.1	15.7
其他支出（略）				

被访家庭的收入结构显示，对贫困家庭和非贫困家庭而言，农业经营收入均为家庭收入的主要来源，在家庭纯

---

[1] 葛志军、邢成举：《精准扶贫：内涵、实践困境及其原因阐释——基于宁夏银川两个村庄的调查》，《贵州社会科学》2015 年第 5 期。

收入中占比超过 1/3。贫困户的非农经营收入对家庭收入贡献明显较小，表 4-5 中调查数据显示，2016 年被访贫困户非农经营净收入在家庭收入中的占比平均为 8.1%，与之相比，非贫困户的非农经营收入占比明显更高（18.4%），超过贫困家庭的 1 倍。除此之外，非贫困户家庭的赡养性收入对家庭收入的贡献也明显更大。2016 年非贫困户家庭赡养性收入占比平均为 36.9%，比贫困户家庭相应收入占比（4.5%）高出数倍。这些数据表明，与非贫困户相比，贫困户从事非农经营的可能性或相应收入平均更低，其获得的来自亲友或子女（非户内成员）的赡养收入也显著更少。这一现状凸显了贫困家庭经济来源和社会资源相对贫乏的现状。

值得注意的是，尽管上述收入构成中各均值指标显示，贫困户与非贫困户家庭的非农经营收入占比、赡养性收入占比存在显著差异；然而，不论贫困户还是非贫困户，被访样本中多数家庭几乎没有非农经营收入和赡养性收入。表中相应中位数数值显示，超过一半的非贫困户家庭和贫困户家庭非农经营净收入不超过 0 元，赡养性收入也不超过 0 元。

表 4-5 下半部分展示了被访家庭 2016 年度的主要支出结构。与非贫困户相比，贫困户家庭的各项支出中食物支出、医疗支出占比较高，这一特征尤其明显地体现在中位数中。食物支出占比的中位数显示，约有一半的非贫困户食物支出占总支出的 16.7% 以上；而在贫困户

中，一半的家庭食物支出占比在 22.7% 以上。[①] 与食物支出占比的差异相类似，贫困户家庭的医疗支出占比中位数也显著高于非贫困家庭。大约一半的被访贫困户家庭医疗支出在 25.9% 以上，与之相比，在被访非贫困户中约有一半的家庭医疗支出低于 13%。前者中位数约相当于后者的 2 倍。这些数据表明，多数贫困户家庭负担不菲的医疗支出，这一方面可能反映了贫困户家庭由于收入和经济资源相对更少，因而支出总额较小的现实；另一方面，高比例的医疗支出也凸显了贫困家庭沉重的病患负担。

除食物支出和医疗支出外，礼金支出对农村居民而言也占据着重要的地位。礼金支出具有较强的消费刚性，出于维持社会关系、践行"礼尚往来"的需求，礼金支出往往不会随收入的减少而下降。相反，在不少地方文化传统中，礼金支出需要随行就市，隐含着对关系亲疏远近的表征，也在一定程度上反映个人及家庭的尊严和"体面"。[②] 这些传统习俗在广大农村地区更为盛行，尤其是相对封闭、社会经济欠发达的地区。本研究的调查数据显示，在被访家庭中，贫困家庭的礼金支出占比明显高于非贫困家庭。2016 年被访贫困家庭支出中礼金支出占比平均为 15.7%，但同一时期被访非贫困家庭相应礼金支出平均约

---

① 考虑到农村家庭的食物来源多数为自家农田生产，未纳入市场交易；因而，被访农村家庭的食物支出占比并不严格对应于通常意义上的恩格尔系数；与恩格尔系数相比，本研究考察的食物支出占比明显低估了实际食物支出的份额。

② 阎云翔：《礼物的流动：一个中国村庄中的互惠原则和社会网络》，李放春、刘瑜译，上海人民出版社，2000。

占家庭支出总额的 12.3%。

与上述消费支出相对照，贫困户家庭的子女教育支出占比明显低于非贫困家庭。2016 年度贫困家庭中，子女教育支出平均占家庭支出总额的 17.3%，而非贫困家庭中相应占比高出近 10 个百分点。这一差异的可能原因在于，两类家庭中子女正在上学的情况存在差异，教育支出的对比也与该类支出具有一定的收入弹性有关。在家庭收入较高、经济资源较丰富的情况下，父母可能对子女教育投入更多，选择更好的学校，提供更多的教育资源等。相反，对于贫困家庭而言，子女教育投入可能更多的是用以保障必需的教育支出。关于子女教育状况及教育支出的进一步分析将在下文具体展开。

2. 住房状况

除家庭收支状况外，住房情况也是反映家庭生活质量和贫困特征的重要方面。表 4-6 展示了西相王村被访贫困户与非贫困户当前住房的主要特征。调查数据显示，西相王村的多数被访家庭户目前的住房类型为平房、窑洞或简易房；仅有约 8% 的非贫困户目前居住的房屋类型为楼房。从住房来源来看，不少贫困户家庭没有自有住房，相应比例超过四成（42.1%），这些家庭目前或租住、或借住在他人的房产中。与贫困家庭相比，非贫困家庭中自有住房比重较高，占八成；其余两成的非贫困家庭目前也租住或借住在他人的房产中。

表 4-6　西相王村被访贫困户与非贫困户的住房特征对比

单位：%

指标	非贫困户	贫困户	指标	非贫困户	贫困户
住房类型			入户路类型		
平房 / 窑洞 / 简易房	92.0	100.0	泥土路	32.0	23.7
楼房	8.0	0.0	砂石路	8.0	7.9
住房来源			水泥或柏油路	60.0	68.4
自有	80.0	57.9	供水方式		
租用	16.0	23.7	管道供水入户	72.0	81.6
借用或寄居	4.0	18.4	管道供水至公共取水点	0.0	2.6
住房状况			没有管道设施	28.0	15.8
状况一般 / 良好	60.0	65.8	主要取暖设施		
政府认定危房	8.0	0.0	无	0.0	2.6
危房但未认定	32.0	34.2	炉子	16.0	21.1
住房建筑材料			炕	52.0	63.2
竹草土坯	8.0	7.9	土暖气	32.0	13.2
砖瓦 / 砖木	36.0	47.4	沐浴设施	20.0	2.6
砖混材料	28.0	21.1	彩色电视机	92.0	76.3
钢筋混凝土	8.0	5.3	洗衣机	80.0	73.7
其他	20.0	18.4	电冰箱	56.0	44.7

从被访家庭的住房状况来看，无论是贫困户还是非贫困户，接近四成的家庭目前居住的房屋状况较差，属于经由政府认定或未经认定的危房。这些数据表明，相对于居住安全保障的脱贫目标而言，目前该村的建档立卡信息对实际贫困发生情况存在明显的低估。这也意味着，该地区脱贫攻坚实际面临的任务和挑战更为艰巨。

除上述特征外，调查也收集了被访家庭户目前住房的建筑特征以及基本的设施情况。表 4-6 显示，西相王村被访家庭户中，多数家庭居住的房屋为砖瓦 / 砖木 / 砖混材料建筑，相应比例在六成以上，且贫困户与非贫困户之间差异较小。住房的入户路以水泥等硬化路为主，相应比例也达到六成或以上；不少家庭实现了管道供水入户，相应比例占七到八成。这些数据显示了近年来乡村基础建设、水利工程对村民生活条件带来的改善。与非贫困户相比，贫困户的生活受这些基础建设工程的改善效应似乎更为明显，这可能与扶贫政策对贫困人口的倾斜有关。

多数被访家庭住房内的取暖设施为传统的土炕。由于土炕的设计与灶台相连接，土炕取暖在一定程度上是厨用燃料产生的附带效应，其取暖效果难以进行标准化衡量。调查样本中，也有部分家庭使用独立供暖的土暖气。不过，由于这种供暖方式需要单独使用燃料，与传统的土炕取暖相比成本较高，因而在非贫困户中相对更为多见。被访非贫困户中，使用土暖气取暖的比例为32%，比贫困户的使用比例高出近20个百分点。此外，两类家庭目前住房内的其他设施情况对比结果显示，无论是沐浴设施、还是家庭耐用消费品（如电视机、洗衣机、电冰箱），非贫困家庭住房内拥有这些设施的比例明显高于贫困家庭。这些住房特征展示了贫困家庭和非贫困家庭居住条件和质量的差异，也在一定程度上揭示了非贫困家庭中潜在的贫困因素。这些状况对于全面理解贫困现象、促进扶贫工作的高效开展具有一定的参考意义。

3. 健康状况与病患负担

上文表4-5中数据表明，西相王村被访贫困户和非贫困户的医疗支出在家庭支出总额中均占据了较大的份额，二者比例均超过40%。进一步的分析发现，该村贫困户和非贫困户家庭均有一定比例的成员患有大病或慢性病，这些病患已严重影响到家庭的实际劳动力供给和生活质量。

图4-1展示了被访贫困户和非贫困户家庭成员的健康状况与病患负担。由图中数值可见，被访贫困户中，超过1/3（39.5%）的家庭有一个成员患病，接近六成（57.9%）的家庭患病人数达两个或更多；家庭中所有成员均健康的贫困户在调查样本中占比仅约2.6%。与之相比，在非贫困户样本中，接近1/4（24%）的家庭有一人患病，一半左右（52%）的家庭患病人数达到或超过两人；其余1/4左右（24%）的家庭所有成员均健康。从患大病或慢性病的情况来看，被访贫困户中，接近六成（57.9%）的家庭有一人患有大病，1/5左右（21.1%）的家庭至少有两人患大病。相比之下，非贫困户中家庭成员患大病的比例较低，有一人、两人及以上患有大病的非贫困家庭占比均在三成以下。由此可见，与上述分析结果相一致，贫困户家庭中

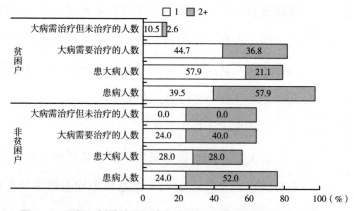

图4-1　西相王村被访贫困户与非贫困户的家庭成员疾病负担对照

人口健康状况普遍更差，病患负担相对更为突出。

本研究调查数据中收集了被访家庭户成员的主要病患类型，调查结果显示，目前困扰村民健康生活的疾病类型主要有腰椎颈椎及关节的退行性疾病（如腰椎间盘突出、腰椎爆裂性骨折等）、心脑血管类疾病（如脑梗、冠心病等）、慢性呼吸系统疾病（包括支气管炎、肺炎、肺气肿等）；此外，不同类型的肢体残疾（如下肢残疾、手臂残疾等）在被访居民中也较为高发（超过10%）。这些残疾的原因，除少数与特殊病患（如小儿麻痹症）经历有关外，不少是由意外事故（如车祸）造成的，这些意外导致的病残负担及其对贫困发生的影响将在下文具体讨论。

与上述病患情况相对应，2016年被访家庭户中有不同程度的医疗需求。如图4-1所示，2016年被访贫困户中44.7%的家庭有一人大病发病需要治疗，36.8%的家庭有两人或多人发病需要治疗。受家庭经济资源所限，[①]这些需要治疗的患病者并未全部得到应有的诊治。2016年，被访贫困户中一成左右（10.5%）的家庭有一人患大病但未予以治疗，另有2.6%的家庭至少有两人患有大病而未进行治疗。与之相比，在非贫困户中，2016年有家庭成员大病发病需要治疗的家庭户比例相对较低，且所有这些发病情况均进行了必要的治疗。

由上述分析可见，当前调查地区的贫困问题不仅体现

① 调查数据显示，本研究中被访家庭的成员患病未得到治疗的主要原因是缺钱。

为贫困人口更高的患病比例，也突出表现为其患病负担有可能超出家庭负担能力，由此导致有病不医的现象。尽管新型农村合作医疗保险在当地已实现普及，然而，当前贫困山区、贫困人口在实现"病有所医"的道路上仍有不可忽视的现实障碍。这些障碍部分反映在家庭户的经济支付能力限制中；除此之外，实际医药供给种类、医保报销的具体规定也在相当程度上制约着贫困地区的人口健康发展。下一章将结合访谈资料进一步详细讨论。

4. 教育状况与教育支出负担

如上文所述，西相王村被访的贫困户与非贫困户的家庭人口教育支出负担存在明显差异。与非贫困户相比，贫困户家庭中子女数量平均较少（见表4-1），在校学生的数量较少（见表4-2）；相应的，贫困户当前家庭支出中子女教育支出所占比重也明显较低（见表4-5）。这些数据表明，平均而言，目前西相王村被访贫困户家庭的教育支出负担低于非贫困户。

此外，贫困状态对家庭教育决策和子女教育资源有着重要的影响。调查结果显示，与贫困户相比，非贫困家庭的子女在县城以外（市属中小学）接受教育的比例明显更高，后者（16%）约相当于前者（5.3%）的3倍。由于教育条件、教学质量存在客观差异，有条件的家庭往往选择为子女提供更好的教育环境。这种教育投入的差异也体现在子女上学的直接费用和间接费用中。调查数据显示，非贫困户中，3~18岁子女过去一年上学的直接费用最高可达2万元左右，而贫困户中相应费用最高约6000元。尽管这些数值可能主要反映个案的特征，并不代表贫困户与非贫困户家庭对子女教育投入的一般差异；不过，这些数据仍从一个侧面展示了贫困户家庭教育资源的相对劣势。

在家庭主要收支信息以外，调查数据收集了近年来被访家庭户的借、贷款情况及其主要用途信息。由调查结果可见（如图4-2所示），截至调查时点的前一年底，西相王村被访贫困户与非贫困户中均有较高比例的借贷行为，二者的相应比例分别为63.2%和76%；不过，贫困户家庭

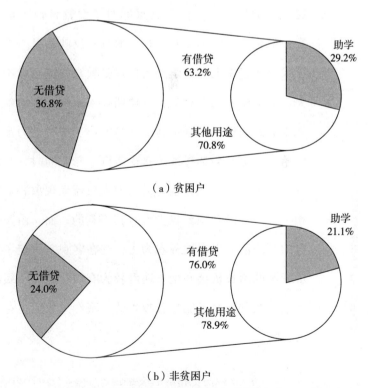

（a）贫困户

（b）非贫困户

图4-2　西相王村被访贫困户与非贫困户的借贷行为及主要用途

的借贷用途中以"子女上学"为目的的比例（29.2%）高于非贫困户（21.1%）。这一结果表明，在调研地区，子女教育支出和家庭教育负担在不同程度上转化为家庭借贷。这些借贷的途径主要是亲友间以及熟人圈内的私人拆借，利息和还款期限往往较为灵活；目前，被访家庭户中从银行进行借贷的现象还相对少见。

值得一提的是，本次调研发现，由于调研的贫困山区社会经济相对封闭、人口外出务工的现象较少，当地新增辍学、失学问题较少。[①] 在被访样本中，不论贫困户或非贫困户，家庭中3~18周岁的子女均处于在学状态（包括学前教育、中小学以及职业学校），无辍学或失学现象。这一方面反映了贫困地区家庭对子女教育较为重视的现实，是对"再穷不能穷教育"的真实反映；另一方面，这一状况在客观上也与学龄人口接受教育的机会成本较小有关。由于就业机会有限，且预期收入不高，当地新进入劳动年龄的人口（尤其是高中学龄人口）受劳动力市场的吸引较小，更多会选择继续接受教育。与此同时，与全国范围内不少欠发达地区较为活跃的人口流动现象相对照，西相王村人口流动现象较少也有其不利的一面。由于当地人口的经济活动以本地务农为主，这在客观上决定了家庭经济资源的增长机会和增长速度较为有限；这对于缓减贫困现象以及贫困对家庭教育投入的客观约束效应也存在不利的影响。

---

① 关于人口流动对农村家庭教育决策的影响，可参见牛建林：《农村地区外出务工潮对义务教育阶段辍学的影响研究》，《中国人口科学》2012年第4期。

5. 劳动能力与生产经营活动

除上述特征外，劳动力特征及其主要经济活动类型也是反映贫困现象与潜在贫困风险的重要方面。上文的分析已显示，相对于非贫困户而言，西相王村被访贫困户家庭的劳动力数量平均较少，其中从事非农劳动的人数也相对较少（参见表4-3）。本小节利用调查收集的常住劳动力的详细信息，进一步对比被访贫困户和非贫困户的主要劳动力状况及其生产经营特征。

由于调研地区的农村家庭规模普遍较小、以核心家庭为主，加之，少数家庭中有成员外出，因而，目前多数被访家庭的常住劳动力为户主及其配偶。不少家庭的常住劳动力人数不足两人。调查数据显示，被访贫困户中，仅有约16%的家庭常住劳动力达到两人或以上；非贫困户中相应比例较高，约占36%。对被访贫困户而言，家庭主要劳动力几乎全部以从事农业经营劳动为主；非贫困户中，有少数家庭的主要劳动力在当地从事工业劳动（主要为采矿业，约占10%）。

表4-7展示了被访家庭常住人口中主要劳动力的劳动特征及收入状况。由表中数据可见，与非贫困户相比，被访贫困户的第一劳动力[①]实际劳动时间略短，但第二劳

[①] 表4-7中所列"第一劳动力"和"第二劳动力"是根据被访家庭中主要劳动力的劳动时长和经济贡献的相对大小区分的。由于在贫困户和非贫困户样本中，均有一定比例的家庭因健康问题或其他原因而没有劳动力，表4-7中"第一劳动力"和"第二劳动力"有效样本低于调查设计样本。具体而言，在贫困户和非贫困户中，"第一劳动力"对应的有效样本量均为19，"第二劳动力"对应的有效样本分别为8和5。鉴于样本量较小，表中数值主要反映调查样本的情况，不宜用于对总体的推断。

力的实际劳动时间明显较长。在调查时点的前一年，贫困家庭第一劳动力实际劳动的天数平均约 169 天，比非贫困户的第一劳动力（176 天）平均少一周左右。不过，在至少有两个劳动力的家庭中，贫困家庭第二劳动力的实际劳动时间较非贫困家庭第二劳动力相对更长，其平均值和中位数均比后者长一个月左右。

表 4-7　西相王村被访贫困户与非贫困户中主要劳动力的劳动特征对比

指标	非贫困户	贫困户	指标	非贫困户	贫困户
去年劳动总天数			去年劳动收入		
第一劳动力（天）			第一劳动力（元）		
中位数	180	165	中位数	6250	4000
均值	176	169	均值	9726	4105
第二劳动力（天）			第二劳动力（元）		
中位数	120	150	中位数	0	1150
均值	120	153	均值	250	1883
其中，农业劳动天数占比			其中，农业劳动收入占比		
第一劳动力（%）			第一劳动力（%）		
中位数	64.3	100	中位数	38.8	83.3
均值	64.4	94.3	均值	48.2	68.1
第二劳动力（%）			第二劳动力（%）		
中位数	100	100	中位数	100	100
均值	87.5	100	均值	100	75

这些主要劳动力的劳动时间构成显示，贫困户的第一劳动力和第二劳动力几乎全部劳动时间均用于农业经营活动。与之相比，非贫困户中，第一劳动力的劳动时间中包含了相当一部分非农生产经营时间，农业劳动时间占比的均值在 2/3 左右（64.4%）。相应中位数估计值显示，被访

非贫困户中，约有一半的家庭第一劳动力在过去一年从事农业生产经营活动的时间（在劳动总时间中）占比不超过64.3%。换言之，这些家庭第一劳动力从事非农生产经营活动的时间超过全部劳动时间的1/3。

这些劳动参与状况的数据隐含了至少以下两个方面的信息：其一，与非贫困户相比，贫困户的主要劳动力更多地从事农业生产经营，非农就业机会明显较少；其二，在至少有两个劳动力的情况下，贫困户的各主要劳动力对生产经营活动投入的劳动时间相差很小，次要劳动力投入了几乎与第一劳动力同样多的劳动时间。与之相比，非贫困户的各主要劳动力之间则存在较为鲜明的主次差序，次要劳动力投入生产经营的时间明显较少。形成这一对比的可能原因是，贫困户家庭面临更大的经济压力和困境，其家庭劳动力，不论男女，往往竭尽所能参与生产经营活动。与之相对，在非贫困户中，家庭经济状况相对较好，女性[1]有可能将更多的时间投入家务或其他非生产性活动。

除劳动特征外，表4-7也展示了上述被访家庭主要劳动力的劳动收入状况。表中数据显示，与非贫困户相比，贫困家庭主要劳动力的劳动收入明显较低。被访贫困户第一劳动力的收入平均不及非贫困户第一劳动力收入的一半，前者平均收入约4105元，后者平均为9726元。在有劳动力的贫困户样本中，一半左右的家庭第一劳动力收入

---

[1]　根据第二劳动力的特征可以推断，家庭中第二劳动力多数为户主配偶。

在 4000 元以下，其余一半收入超过 4000 元；与之相比，在相应非贫困户样本中，一半左右的家庭第一劳动力的收入在 6250 元以上。与家庭主要劳动力的收入状况相联系，两类家庭次要劳动力的收入也呈现重要的差异。由调查数据估算，在有至少两个劳动力的家庭中，贫困户家庭第二劳动力的平均收入低于 2000 元（约 1883 元）；非贫困户家庭的第二劳动力收入相对更少。

劳动收入的构成同样显示，非贫困户中，第一劳动力的多数收入来源于非农生产经营活动，农业收入平均仅占不到一半（48.2%）；但对贫困户而言，第一劳动力的收入主要由农业收入构成，农业劳动收入所占比重平均超过 2/3（68.1%）。

综上所述，贫困户和非贫困户的劳动特征及其收入状况存在重要差异。一方面，贫困户的非农劳动投入明显较少，非农劳动收入也较低，这在一定程度上解释了其贫困的部分原因。由于缺乏非农就业机会，贫困户尽管投入的劳动时间并不少，甚至在一定意义上超过了非贫困户，[①] 但其收入状况远不及非贫困户。另一方面，与非贫困户相比，贫困户在经济发展中往往面临多重挑战，其家庭经济脆弱性可能超过其收入所揭示的劣势。调查样本中，贫困户家庭的劳动力平均更少；在有可用劳动力的条件下，这些家庭往往倾其所有、投入全部劳动力进行生产经营。即便如此，这些家庭的总体收入状况仍明显较差。由于贫困户家庭成员的健康状况平均

---

① 主要体现在第二劳动力的劳动投入差异中。

较差，人力资本水平较低，这些状况决定了其非农就业机会较小，改善家庭经济的出路障碍重重。

6. 生活质量及主观满意度

消除贫困的最终目标在于改善民生、提高社会成员的生活质量。本研究的调查针对家庭户生活状态的不同方面收集了被访者主观满意度的信息，为全方位理解调研地区的贫困问题及其对居民生活质量的影响提供了重要的资料。利用这些生活质量与满意度的测量结果，表4-8对比展示了调查样本中贫困户与非贫困户生活质量的潜在差异。

表4-8　西相王村被访贫困户与非贫困户对当前生活状态各方面的满意度

单位：%

满意度	非贫困户	贫困户
对家庭收入满意度		
非常满意 / 比较满意	8.0	0.0
一般	4.0	7.9
不太满意	40.0	44.7
很不满意	48.0	47.4
住房满意度		
非常满意 / 比较满意	24.0	21.1
一般	20.0	18.4
不太满意	16.0	18.4
很不满意	40.0	42.1
居住环境满意度		
非常满意 / 比较满意	28.0	39.5
一般	16.0	21.1
不太满意	28	23.7
很不满意	28	15.8

由表中数据可见，与非贫困户相比，被访贫困户对家庭收入的满意度更低，对目前住房状况的满意度也相对更

低；不过，这些被访贫困户对居住环境的满意度明显比非贫困户更高。具体而言，贫困户中超过九成（92.1%）的被访者表示对目前的收入"不太满意"或"很不满意"，其余 7.9% 的被访者对目前的收入满意度为"一般"。与之相比，非贫困户中，约有 88% 的被访者对当前收入满意度较低（"不太满意"或"很不满意"）；4% 的被访者对当前收入满意度为"一般"，其余 8% 的被访者相应满意度较高（"非常满意"或"比较满意"）。由此可见，尽管非贫困户被访者对收入的满意度总体高于贫困户被访者，但调查样本中仍有近九成的人表达了对当前收入状况较为强烈的不满。结合调研地区的家庭人均收入状况（如上文表 4-5 所示），西相王村非贫困户中仍有不少家庭人均收入徘徊在国家贫困线附近，有的甚至明显低于国家贫困线标准；由此，这些被访者对收入状况满意度不高的现状也不难理解。

与收入满意度整体较低的状况相对照，不论贫困户或非贫困户，被访者对目前的住房状况表达了相对较高的满意度。在贫困户样本中，约有 21% 的被访者表示对目前的住房状况"比较满意"或"非常满意"，而表示"不太满意"或"很不满意"的比例则在六成左右（60.5%）。类似的，非贫困户样本中，约有 24% 的被访者对当前住房的满意度为"比较满意"或"非常满意"，另有 20% 的被访者表示"一般"；其余 56% 的被访者对目前住房状况"不太满意"或"很不满意"。

对于当前村庄的居住环境，贫困户与非贫困户被访者的满意度呈现微妙的变化。尽管多数人意识到他们生活的环境中各种污染问题突出，不过，对于这些现实问题，贫困户的被访者表达了明显更高的容忍度。如表 4-8 所示，接近四成的贫困户被访者表示对目前的居住环境"比较满意"或"非常满意"；相比之下，非贫困户的被访者中，表示对目前居住环境"比较满意"或"非常满意"的比例仅约 28%，比前者低 10 个百分点以上。此外，非贫困户的被访者中表示对环境"不太满意"和"很不满意"的比例超过五成（56%），比贫困户中相应比例高近 20 个百分点。

综合上述结果可知，由于现实生活中经济状况、住房条件等方面的客观差距，贫困人口在家庭收入、住房状况等方面往往比非贫困人口有着更为强烈的不安和忧虑，这些生活状态也是其更为迫切地想要改善的方面，这一点从上文发现的贫困户家庭劳动力的劳动投入时间更长可以窥得一斑。或许正是因为这种家庭收入、住房状况等私人领域的窘迫状态及其在努力摆脱贫困中的"自顾不暇"，使得贫困人口对于居住环境中的各种问题表现出了较高的容忍度。这些生活状态无疑严重影响着其生活质量，使得贫困现象产生着更为深刻的后果。

三　隐性贫困问题

上文从收入支出、住房、健康、教育、经济活动等方面出发，分析了西相王村被访贫困户与非贫困户的差异。这些研究发现展示了贫困户在多个维度的相对劣势，为系统理解贫困现象背后的驱动因素和潜在作用机制提供了多维视角。除这些较为常见的贫困表现形式外，调研地区社会经济发展中也存在一些特殊的致贫现象或风险，对当地脱贫致富的道路有着不可忽视的重要影响。与一般的贫困现象相比，这些问题具有一定的特殊性，在顶层设计的扶贫框架下往往不易进入常规扶贫工作的视野。不过，这些问题隐含的致贫风险及其与其他致贫原因之间复杂的互动关系决定了其客观重要性，这也要求贫困研究和扶贫实践对这些问题予以足够的重视和必要的警惕。

1. 基础建设用地拆迁与拆迁户的贫困风险

在本研究抽选的 60 余户被访家庭中，11 户家庭因当地铁路修建规划用地的需要，经协议拆迁原有住房，预期将入住政府统一修建的安置房，[①] 实现令不少乡邻艳羡不已的农民"上楼"。这些家庭的住房拆迁主要发生在 2010~2011 年期间，目前这些家庭全部居住在由彩钢板搭建而成的简易住房中，当地人称之为"彩钢房"。"彩钢房"或由村政府统一搭建、住户租住，或由拆迁户村民自建。这些住房整体简易，并且冬冷夏热。居住在这些住房中的被访户，几乎无一例外地表达了极低的住房满意度。无疑，目前的居住条件已严重影响到这些家庭的居住和生活质量。

更为严重的是，这些简易住房中，除村政府出资集中修建的数十间外（见图 4-3b），其余多数由拆迁户村民自

---

① 这些拆迁户的具体安置办法主要为，当地政府向拆迁户支付拆迁补偿款，并统一安排修建楼房、面向拆迁户进行配售。关于补偿款与楼房配售价格等具体协定，因原有住房的居住面积、新居面积等因素而异。

己搭建的住房往往分散在村庄内一些不宜居住的地段，比如自留田旁边。最终这些住房的搭建是为了应"临时"之需，拆迁户曾坚信自己很快能搬进统一安置的楼房，这也就直接导致了这些"临时"搭建的住房没有宅基用地规划，甚至缺乏必要的宜居条件和配套设施。本研究调查到的部分拆迁家庭由于把简易房搭建在自留田旁边，田地地势低洼，房屋周围不具备必要的排水条件和设施，因此这些住户在下大雨时往往不得不冒雨进行紧急人工排水，以防房子被淹、其房内物品被雨水冲走。即便如此，本研究的调查样本中，仍有少数居住在这些简易房中的搬迁户最近三年遭受了不同程度的水涝灾害，或粮食、家用物品被雨水浸泡，或房屋不同程度地受损。这些问题成为当地继危房之后突出的住房安全威胁。

在调研地区，这些拆迁家庭户多数并非建档立卡贫困户。由于房屋被拆迁，在新居入住安置完成之前，他们"预期"每年会收到一定数额租房补偿金收入。然而，这

a）旧居现貌　　　　　　　　　　　　　　b）新居彩钢房

图 4-3　拆迁户的旧居现貌和新居

（牛建林拍摄，2017 年 7 月）

些家庭的实际居住状况以及潜在的灾患风险意味着，至少在住房方面，这些家庭的实际生活状况已与贫困相距不远。在调研地区，这样的拆迁家庭不下数十户。除修建铁路搬迁外，也有一些因其他基础建设占地而出现的拆迁现象。因协议、期初承诺与实际执行情况之间的差距，隐形贫困问题成为当地贫困发生的又一成因。调研地拆迁户的案例描述了一个个美好生活梦想破灭的真实故事。区别于不少大城市城中村拆迁时当事人的反应，贫困农村地区的拆迁最初似乎带给了村民更多对美好生活的憧憬：大额的拆迁补偿款、政府集资修建单元楼分房……经过长时间的期盼和等待之后，原有的憧憬在长年累月与严冬、酷暑以及雨涝灾患的抗争中逐渐消磨。这些问题及其隐含的贫困风险警示，贫困地区的基础建设必须重视配套与善后，警惕由此导致新的贫困现象。

2. 地方经济发展中的生态底线以及病患风险

本研究的结果显示，在调研村庄，病患问题是当前排在首位的致贫原因。被访家庭户中，超过3/4的家庭目前有成员患有不同类型、不同程度的疾病；一半以上的家庭至少有一人患有大病或严重的慢性病。疾病负担不仅严重损害了当地家庭的劳动能力和发展致富潜力，而且在相当程度上转化为直接经济负担或债务负担。被访家庭医疗支出在家庭所有开支中所占比例平均超过四成；2/3以上的被访家庭目前有贷款，而这些贷款的用途构成显示，四成以上家庭贷款的主要目的是应付家庭医疗支出所需。这些分析结果展示了调研地区病患负担对贫困发生和脱贫前景的深刻影响。

深入的调研发现，尽管地处相对落后的山区，当地农民的疾病类型呈现出与其发展阶段不大相称的特征：不仅存在大量与躯体劳累相关的关节炎、椎骨劳损等退行性疾病，也有不少与营养结构转化相关的高血压、心脑血管疾病；除此之外，各种类型的癌症和呼吸系统疾病也成为当地居民较为典型的病患类型。这些信息隐含了至少以下两个方面的发展问题。

其一，按照世界疾病转变规律，诸如高血压等慢性疾病往往在经济发展水平较高时，伴随饮食结构、生活节奏等变化而出现。目前贫困山区人口健康问题中出现这些传统意义上的"富贵病"，在一定程度上意味着当地的疾病类型转变超前于经济发展水平，这也意味着贫困地区的实际人口健康负担更为沉重。

其二，日益严重的环境污染对当地居民的部分病患负有不可推卸的责任。调研发现，尽管调研村庄在当地属于经济发展状况相对较好的村庄，村庄并非贫困村；然而，村庄发展的代价似乎比想象的更为沉重。2/3 以上的被访村民意识到当地有比较严重或非常严重的水污染、空气污染和土壤污染问题，超过四成的村民表示当地噪声污染比较严重或非常严重；此外，也有 1/3 以上的被访村民认为当地垃圾污染严重。这些污染问题给当地生产和生活带来了深刻的影响。村里的一位老人告诉我们：

"十年前，种庄稼不烂。现在，庄稼在地里就开始烂了……西红柿还没等红起来，里面就烂了……""现在种菜得用井里的水浇地，要不就得买外面运来的。现在村里好多人家都不种这些了，田里改种玉米……"言语中透着深深的无奈和担忧。（案例4-1：访谈对象LYC）

由于村庄附近有大型工厂，村民们发现，水污染已严重到可以用肉眼观察到的地步。用雨水或河水浇灌后的蔬菜苗，很快会腐烂。尽管对不少村民来说，关于环境污染的更多、更为全面的影响或许还未在他们脑海中形成清晰的轮廓；但也有不少人发出了这样的疑惑。

"XX家的XX刚老了（去世了），六十来岁，听说是得了不好的病（癌症）。这两年村里得不好病的不少，怪得很……"（案例4-2：访谈对象M）

村民的疑虑和对生活环境隐隐的担忧绝非空穴来风。本研究调研发现的困扰被访家庭的各种大病和慢性疾病，环境污染无疑提供了一种令人难以反驳的解释。

3. 自然条件与伤残风险

除上述大病和严重的慢性病患外，伤残问题也是调研地区相对高发的致贫原因之一。调研发现，意外事故是导致当地伤残问题高发的重要原因，其中交通事故的发生尤为突出。项目组在8月底的一次调研回访中目睹，当地发生的一起重大交通事故曾让主要交通干道瘫痪近两天。即便已是事故发生后第二天，现场的情形仍令人触目惊心

图 4-4　调研地某路段交通事故现场事后清理恢复中

（图片来源于地方新闻网站）

（见图 4-4），由此也不难想象意外事故导致的伤残后果。

事实上，由于调研地区地处山区，其自然地貌特征在相当程度上限制了当地的交通发展。截至 20 世纪末，调研地的交通条件仍相当差，县城通往省城仅有公路，且多为盘山公路。道路崎岖狭窄，翻山越岭，短短 200 公里左右的路程往往需要大半天的时间。过去几年间，随着凿隧开洞等工程的快速铺开，当地交通条件有了明显的改善。但是，自然条件的限制在短期内难以得到缓减；调研地的主要交通路段道路狭窄弯曲的特征并未得到根本的改变，这一特征对于穿过县域的国道也不能例外。与公路的发展状况相比，当地铁路等交通条件的发展更为迟缓。这无疑提高了公路运输对当地生产和生活的重要性，也增加了公路运输的负荷。

与交通现实相对照，调研地的经济和产业发展状况则对交通条件提出了明显的高需求。如前文所介绍，在调研地区，矿产资源开发与对外输送是当地经济发展的主要命脉，这些经济活动不仅在很大程度上决定着当地的地区生产总值和经济增长状况，而且是当地人口非农化就业的重要途径。在这一背景下，交通运输条件对当地居民生产和生活的决定意义更是不言而喻。在多次调研活动中，笔者曾目睹一辆辆超长车身、高载重的卡车列队等候在弯弯曲曲的山路边，等待前面的车辆装载完毕，后面的车一辆辆鱼贯进入矿区（见图4-5）；也曾见识过狭窄的公路上载重货车双向错行时的"吃力"和"小心翼翼"，以及社会车辆、摩托车等不堪忍受载重货车占满车道又"龟速"前行时不得不"见缝插针"迂回在来往的大型货车夹缝中……据调查，每天在这些主要公路上穿梭忙碌的大型货车数量不下数百辆，吞吐货物量超过2万吨。在狭窄弯曲的公路上，这些日常生活中时刻上映的繁忙画面潜藏了多少交通隐患和危险，或许生活在这些画面中的人并不是没有想过，也许是不得已，也许只是习惯了。透过这些鲜活的画面，当地意外伤残（特别是交通事故）高发的成因可见一斑。

图4-5　清晨山路上列队等候进入某矿区的货车

（牛建林拍摄，2017年8月）

4. 婚姻家庭的破裂与贫困风险

除上述隐性贫困问题和风险外，实地调研还发现，近年来调研地区的婚姻家庭领域开始出现一些新的特征。一方面，彩礼等结婚成本攀升，成为威胁家庭（主要为男方家庭）生活状况、诱发贫困问题的重要方面。在调研地区，人口年龄和性别结构决定了适婚年龄人口中男女比例失衡，男性适婚年龄人口数量超过女性；而当地社会经济欠发达的状况意味着，当地适婚人口中女性外嫁的可能性远超过男性迎娶外来媳妇。这些人口与社会经济特征为结婚彩礼水涨船高奠定了客观市场基础。此外，值得一提的是，近年来因大量的基础建设工程，民用土地（包括宅基地、耕地等）在基础建设规划中被占用的情况时有发生；按照协议，政府或企业将对被占地农户进行一次性补偿。相对于当地普通居民的收入和财富，这种一次性的补偿往往"数额不菲"，因此，补偿事件与金额对当地居民的生活可谓是"一石激起千层浪"。事实证明，补偿金的出现，不仅抬高了受补偿家户娶亲的彩礼标准，而且迅速催化了周边多数村落的结婚成本的攀升。课题组在当地一些村落的走访调研中了解到，一些原本在当地相对富足的家庭，由于儿子结婚的高额彩礼支出和其他结婚成本，不仅消耗掉了所有家庭积蓄，还不得不背上沉重的债务负担，沦为事实贫困。

另一方面，婚姻市场和社会环境的变化也诱发了一些离异现象。离异家庭中的现有子女更易面临新的贫困风险，生活境况堪忧。如上文所述，近年来调研地区的婚姻市场和社会环境出现的变化，也在一定程度上动摇了现有婚姻家庭的和谐与稳定，诱发了一些婚内矛盾、代际冲突，甚至导致离异等现象发生。在本项目调研的村庄，就有这样的案例发生：一些在当地经济条件尚可的家庭，因政府征地发放的一次性补偿金在家庭内部分配中出现矛盾，由此导致婚姻关系和家庭代际关系恶化。其中个别案例中，由于家中不只有一个儿子，征地补偿金诱发了家庭财产分配的矛盾；某儿媳妇在索要全部补偿金未果的情况下，毅然提出离婚。由此导致年幼的孩子生活在单亲家庭中，生活境况和教育问题均受到明显的影响。另一类似的案例中，妻子改嫁、丈夫离婚后意外伤残，导致两个年幼的子女虽与父亲一起生活，却基本处于无人照料状态。这些现象已成为引致新生贫困人口的重要社会问题。

综上所述，本研究考察的贫困山区，人口贫困问题既有一般性的贫困现象，也不乏特殊的致贫问题和风险。由上述分析可见，目前调研地区的贫困问题具有深刻的社会经济原因。由于自然和历史等原因，当地社会经济长期处于欠发达状态，这在很大程度上决定了当地贫困问题的多发性和程度之深。更为重要的是，在新的发展时期，由于社会文化以及市场价值观念的转变，一些原本旨在促进社会经济发展的措施在实施过程中潜藏了新的问题，衍生出新的贫困风险。这些问题不仅需要扶贫攻坚工作予以足够的重视，而且对社会发展政策的设计、实施和及时评估提出了更高的要求。

第四节　小结

　　本章主要利用项目组在贫困山区西相王村的调查数据和访谈资料，分析了当地的贫困发生情况、主要贫困问题以及潜在的贫困风险。通过对比调查样本中贫困户与非贫困户在收支、住房、健康、教育、经济活动等方面的差异，本研究剖析了调研村庄中现阶段贫困现象的多维表现形式及其潜在的成因。在此基础上，研究探讨了贫困问题对居民生活状态和生活质量的潜在影响。

　　本章的主要研究发现如下。

　　（1）在非贫困村庄中，贫困问题高发不可忽视。经过数十年国家扶贫计划的大力推进，贫困人口并不仅仅集中在贫困村庄；非贫困村庄的贫困问题具有复杂性，在扶贫攻坚阶段需要予以足够的重视。

　　（2）近年来各种大病、慢性病在农村地区普遍上升，对农村地区薄弱的社会医疗服务体系和人口健康提出了挑战。在调研村庄，常住人口中实际劳动力仅约1/3，病残已成为劳动年龄人口中丧失劳动能力的重要原因。家庭成员患有大病不仅意味着沉重的医疗负担，而且会直接导致家庭实际劳动力的减少，对当地家庭贫困的发生和延续产生着深远的影响。

　　（3）贫困山区的人口受教育水平明显偏低。不少新增劳动年龄人口在初中毕业后终止教育，这对于人力资本的积累和发展有着不利的长远影响。相对于非贫困家庭，贫困家庭的教育资本平均更低。贫困状况可能抑制家庭教育投资，导致失学等不利家庭成员教育积累的后果；与此同时，目前后义务教育阶段的高额教育支出，以及高等教育预期回报较低的现实，也使得教育支出成为家庭阶段性致贫的原因之一。

（4）近年来，婚姻家庭领域出现不稳定变化。由于人口转变、社会转型和市场经济的发展对当地婚姻家庭价值观念产生了重要影响，这在相当程度上冲击着当地婚姻家庭的稳定发展。相对于非贫困户而言，贫困户家庭在人口及婚姻家庭等特征中呈现不同程度的脆弱性，不同类型的婚姻失败极有可能削弱家庭和社会资源，进而致贫。

（5）目前，调研地区的脱贫进展主要依赖社会兜底扶助政策。由于人口的病患高发、教育水平平均较低，当地不少扶贫措施的可行性不高，实际扶贫效果受到制约。加之，与历史及自然等方面的因素有关，当地的贫困问题程度颇深，这也在客观上导致了实际脱贫进展缓慢。

除此之外，近年来贫困地区致力于脱贫致富的部分发展举措，由于设计和实施中存在不合理、不完善的地方，一些新的隐性贫困问题和致贫风险开始呈现。例如，一些大规模的基础建设、厂矿等产业发展引发了规划拆迁、占地补偿、转移落后产业导致严重的生态破坏等与当地居民生活休戚相关的重大事件，这些变化对当地居民的生活带来了深刻的影响。在这些现实面前，贫困风险变得更为复杂，这就要求扶贫攻坚工作和社会发展总体规划应更好地协调、结合，从而尽可能地避免新的贫困问题和其他发展隐患。

第五章

扶贫措施实施情况：脱贫成效与挑战

上一章分析了西相王村的贫困发生情况及其主要成因，并结合建档立卡信息简要介绍了村庄整体的脱贫进展。研究指出，在过去三年间，西相王村有不到30%的建档立卡贫困户实现脱贫，这些脱贫人口对应的脱贫措施几乎全部为社会兜底。结合该村的整体发展状况及其实际贫困发生率，西相王村的脱贫进程可能低于预期，这也意味着该村在实现全民脱贫致富的道路上仍然面临着艰巨的任务与挑战。

为了进一步了解制约其脱贫进程的深层次原因，本章将着重分析西相王村精准扶贫措施及其实施情况，并结合相邻村庄的精准扶贫工作与成效展开对比，从而总结当地精准扶贫中可供借鉴或推广的经验以及面临的现实问题。本章的主要安排为：第一节分析当前西相王村的精准扶贫措施，结合贫困问题的具体类型探讨精准扶贫措施实施成效的潜在制约因素；第二节选取几个相邻的贫困村庄，了解这些村庄的贫困问题与扶贫进展，并与西相王村进行比较，以考察当地扶贫工作共同面临的问题和挑战。第三节将综合这些分析发现，总结与讨论在调研地贫困山区扶贫工作的实际成效及其亟须解决的问题和挑战。

第一节　样本村的精准扶贫工作

2014 年以来，西相王村开始实施建档立卡制度，开启了扶贫工作数字化管理的新阶段。在精准扶贫方略的指导下，该村先后实施了一系列的精准扶贫措施，包括健康扶贫、教育扶贫、社会保障扶贫等。这些扶贫措施的具体实施情况如何？本节将从贫困村民所接受的具体精准扶贫措施出发，探讨当前扶贫工作的主要成效，剖析实际扶贫过程中面临的障碍。

一　精准扶贫的措施及其成效

如上一章所示，西相王村在实施建档立卡以来的三年间，仅 2015 年有不足三成的建档立卡贫困户实现脱贫，其他年份无脱贫记录。截至 2016 年底，该村建档立卡贫困户中仍有七成左右尚未脱贫。除建档立卡贫困户外，村中还有不少未登记在建档立卡数据库中的实际贫困人口，这些人口的收入支出状况、住房以及健康等特征显示，其大多可能目前还处于贫困状况。综合这些数据可得，目前西相王村的精准扶贫仍然面临着严峻的脱贫攻坚任务。

1. 精准扶贫措施的知晓状况

精准扶贫工作的顺利开展，离不开贫困人口的主动参与和配合。对现行的不少精准扶贫措施，如产业扶贫等，需要结合贫困户自身的意愿、选择和行动开展；因而，了解精准扶贫措施，是贫困户积极参与扶贫项目、实现脱贫的前提基础。本研究在西相王村的家庭户抽样调查中发现，当地村民对扶贫措施的了解还非常有限。

截至调查时点，被访贫困家庭户了解的扶贫措施往往仅限于教育扶贫、低保补助、五保补助、节前慰问等。这些关于扶贫措施的有限知识，主要来源于其实际经历和接受到的帮扶措施。例如，关于教育扶贫的了解，主要集中于家庭中有子女上学的贫困户；这些贫困户的子女在学校开学需要缴费时，由学校通知贫困学生需要出具证明等手续。在此过程中，家长往往处于被动状态，极少去主动了解相关政策规定。类似其他类型的贫困户也表现出明显的被动状态，这可能在相当程度上制约了其对扶贫措施的有效利用，也间接导致了当地脱贫进展缓慢的现状。

2. 健康扶贫措施的实施情况

本研究的调研地区，因病致贫是最为突出的贫困问题。事实上，健康扶贫也是当地政府重视的扶贫项目之一。截至调查时点，调研地区的农村居民基本实现新农合全覆盖。与此同时，伴随着新型农村合作医疗保险制度的改革，具体的报销范围、报销比例等规定均在不断完善和提高。

从本研究调查收集的数据来看，截至调查时点，西相王村贫困人口对相应健康扶贫措施的利用水平还较低，健康扶贫效果因而受到限制。具体而言，目前制约健康扶贫实施效果的原因主要有以下几点。

第一，新型农村合作医疗保险报销制度重住院轻门诊，鼓励在当地（乡镇）定点就医。这一制度安排在客观上不易鼓励参保人对预防性医疗服务，以及小病及时诊治的重视。在农村地区，长期以来多数村民的医疗卫生知识相对缺乏、健康观念较为淡薄，在这种现实情况下，医疗保险重住院、轻门诊的报销条款更有可能助长有病不医的现象，其结果可能增加大病和慢性疾病的发生。除此之外，贫困地区的定点医疗条件往往较差，对重大病患的治疗能力有限；这样，在医疗费用报销比例的差异性（不同等级医院的医疗费用和报销比例不同）设置下，农村大病患者极有可能因无力承担高医疗质量对应的高额医疗费用而放弃治疗。这也是导致贫困家庭大病、慢性病高发的一个重要方面。其最终结果往往是，保险制度的具体设置，在客观上产生了不利于疾病预防、病患及时诊治和健康有效维持的后果。随着贫困家庭的病患负担不断加重，其适用的扶贫措施和脱贫的希望日趋下降，最终可能陷入非社会兜底不能脱贫的境地。

第二，现行医疗保险制度中对门诊和非处方药品购买费用报销的相关规定，与现实中的医药供给体系严重脱节。本研究的调查数据显示，西相王村一些贫困家庭的成员患慢性病，需要长期服药或进行其他（非住院）治疗。这些成员均享受医疗保险，按照现行的新型农村合作医疗保险制度，医保中个人账户可用于门诊和定点购买药物。然而，医保定点的药店能够提供的药物有严格的基本药品清单，这些药品清单与参保人的病患特征、药品需求往往相去甚远。其结果是，不少贫困家庭的成员在实际参保、医保个人账户搁置无法使用的情况下，不得不挪用其他经济资源，甚至举债以购买其医药必需品，这给家庭带来了沉重的经济甚至债务负担。

3. 教育扶贫措施的实施情况

在调研地区，教育扶贫措施也受到了相对较多的关注和重视。在西相王村的被访家庭样本中，因学（子女教育支出）致贫的建档立卡贫困家庭，往往在过去三年间曾接受过"雨露计划"等教育扶贫项目的补贴。这些教育扶贫措施主要针对义务教育后的在校学生进行补贴，根据被访者提供的信息，当地 2016 年"雨露计划"的补助标准大致为高中 400 元/年，大专 1500 元/年。据调查，在过去三年内，接受过教育补助的被访家庭累积接受的教育补助金额在 400~1800 元之间，具体金额因子女的教育阶段和数量而异。

相对于日益攀升的教育成本，这些补助的数额或许仅仅是杯水车薪；不过，对于因子女教育支出致贫的贫困家庭而言，这些帮扶措施仍然有着雪中送炭的重要意义。这些帮扶措施不仅在客观上对贫困家庭的子女继续接受教育产生着激励作用——较高的教育阶段往往意味着更高的补贴，而且相对于其他帮扶措施，更容易被贫困家庭和非贫困家庭所认同。

除针对在校贫困学生的教育扶贫措施外，西相王村目前尚未推行针对普通村民的培训等措施。被访村民中，最近两年内（2015年以来）无人接受过技能培训或类似的教育扶贫项目。这一状况的部分原因在于，当地的教育培训项目往往由县和乡镇统一组织，由村民自愿报名参加。由于该村贫困户对扶贫措施的知晓度和关注度总体较低，多数贫困家庭面临不同程度的病患负担，这些因素可能在客观上降低了贫困人口了解和参与培训的可能性。

4. 社会兜底措施

到目前为止，西相王村已实现脱贫的案例主要依赖社会兜底扶贫措施。本研究的调查数据显示，在被访户中，领取过低保补助、五保补贴的比例明显高于接受过其他帮扶措施的比例。据被访者汇报的补贴情况，当地目前的低保补助标准为每人每月补助150元，[①] 与五保补助标准持平。低保和五保补助的对象通常为缺乏其他脱贫出路的极端贫困人口，尽管这些扶助政策对于缓减当地特殊困难人口的贫困问题、保障其基本生活需求有着重要的作用；但是，这些扶助措施往往直接依靠财政转移支付，因而，实

---

① 2014年，相应低保补助标准为每人每月30元，该标准在2015年提高到每人每月150元。

际能够扶助的人数必然受财政支付能力的客观限制。考虑到贫困地区地方财政能力有限，社会兜底扶助措施在精准扶贫工作中更多是在其他扶贫措施无法适用时的最后选择。

由于社会兜底帮扶措施的兜底保障属性及其保障资金的稀缺性，在扶贫措施实施过程中，低保鉴定标准往往较为严格，政策刚性较强。例如，在本研究的调查过程中，曾遇到这样的案例：原低保对象在建档立卡"回头看"工作中被取消"低保资格"。其原因在于，这些家庭不满足低保鉴定的部分标准。例如，有子女领取财政工资的老人不属于低保范围，不论其有财政工资的子女是否已婚、是否与老人在同一家庭户中。这些规定在统一社会兜底扶助对象鉴定标准的同时，也引发了一些现实问题与社会矛盾，成为精准扶贫工作不得不正视的问题。

二 脱贫进展中面临的突出障碍

精准扶贫实施以来，各级政府对扶贫工作给予了高度重视，动员了全社会力量参与扶贫。在贫困村庄中派驻专门负责扶贫工作的干部和工作小组进行有针对性地帮扶，尽管如此，一些地区的脱贫过程仍困难重重、进展缓慢。就西相王村的脱贫进程而言，上文分析表明，当前村民对扶贫措施知晓度普遍较低，不少扶助措施的实际参与度不高，这些问题可能在相当程度上决定了该村脱贫进展缓慢的现状。

尽管最初的致贫原因可能不尽相同，但贫困问题的发生与延续往往具有内在循环性和自我维持性；一旦陷入贫困，生活境况的各个方面均可能受到影响，进而导致更深层次的贫困。例如，典型的贫困链条可能是：穷困→有病不医→严重病患→缺乏劳动力→债务负担→深层次的贫困……这也就意味着，脱贫攻坚过程必然面临重重阻力，打破贫困循环和延续的关键环节对于顺利实现脱贫至关重要。本研究上一章已针对西相王村的贫困现象剖析了其主要的贫困特征和致贫原因，并从经济结构、生态环境等因素出发对当地发展中存在的一些贫困隐患提出了警示，本节将主要结合微观人口因素，进一步剖析影响当地精准扶贫顺利推进的主要阻碍。

　　1. 人口总体受教育程度低，不利于扶贫知识的扩散和措施的推广

　　对个人而言，教育状况是决定个人知识和见识的主要因素，也是个人实现能力提升的重要途径。对一个地区而言，人口教育状况体现其人力资本的积累水平，在很大程度上决定社会经济发展状况。西相王村贫困发生率较高、精准扶贫进展缓慢，与其人口的教育状况有着重要的关系。图5-1展示了该村不同年龄不在校人口的教育构成。由图中数值可见，西相王村现有未在校的人口中，中老年人的受教育程度以小学及以下学历为主，青年人以初中学历为主。具体而言，全村45岁及以上人口中，超过六成的人受教育程度在小学或以下，97%的人受教育程度不超过初中。在35~44岁人口中，仍有超过九成（约91%）

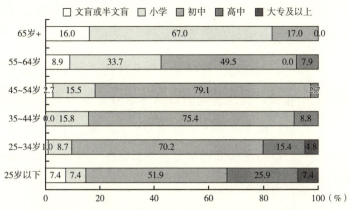

图 5-1 按年龄划分的西相王村非在校人口的教育程度
资料来源：作者根据西相王村建档立卡数据库整理而得。

的人受教育程度不超过初中，初中学历人口的占比在七成以上。

与中年、老年人口的教育状况相比，年轻队列人口的受教育程度有明显提高，不过，25岁以下不在校人口的最高学历仍以初中为主，占比超过50%；最高学历为高中的人约占1/4（25.9%），拥有高等教育学历的人占7.4%，其余1/7左右的人最高受教育程度仅为小学或以下。相应年龄人口的在校状况显示，该村25岁以下人口中，尽管相应年龄对应大学及以下不同阶段的学龄，但仍在接受教育的人仅约3/4。由图5-1中25岁以下不在校人口的教育结构可见，西相王村新增劳动年龄人口中仍有相当比例的人在高中以前结束教育。这一人口教育状况无疑对当地经济发展，特别是扶贫知识和措施的推广有着不利的影响，也在一定程度上为当地居民在扶贫措施面前被动、不积极的状态提供了部分解释。

2. 以传统农业生产为主的生产经营活动，限制了其脱贫致富的空间

与西相王村社会经济发展状况、人口教育水平等因素相关，当地劳动力以从事农业劳动为主，非农就业比例低。图 5-2 和 5-3 分别展示了西相王村 15~64 岁非在校人口的经济活动特征及其在各年龄、教育水平的人群之间的分布状况与差异。

由图 5-2 中数值可见，在各年龄组劳动人口中，农业劳动者均占据较高比例；除 25~34 岁人口外，其他年龄组的劳动力中均有超过半数的人为单一的农业生产者。图 5-3 的数值显示，西相王村所有教育状况的劳动年龄人口中，单一从事农业劳动的比例均超过五成。受制于自然等因素，迄今为止，当地的农业生产主要保持传统人畜耕作的生产方式，农业机械化水平低、灌溉条件严重受制于当

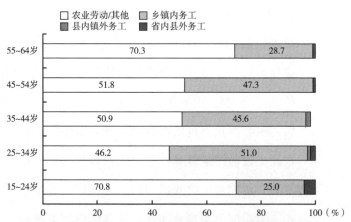

图 5-2　西相王村 15~64 岁各年龄非在校人口的经济活动特征

资料来源：同图 5-1。

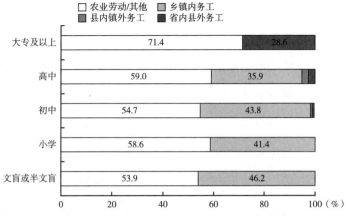

图 5-3 按受教育程度划分的西相王村 15~64 岁非在校人口的
经济活动特征

资料来源：同图 5-1。

地的自然地理环境。这也就决定了仅仅依靠传统农业生产
劳动，当地居民实现脱贫致富的前景并不乐观。

图 5-2 和图 5-3 显示，除多数单纯的农业劳动者外，
西相王村现有劳动力中也有一定比例的人在本乡镇务工。
其中，中青年（25~54 岁）劳动力、高中及以下学历者在
本乡镇务工的比例相对较高。相比之下，当地劳动力外出
（在本乡镇以外）务工的比例很低，且主要集中在年龄较
轻、学历较高的劳动者中。例如，15~24 岁劳动者中约有
4.2% 的人在本乡镇以外从事非农生产经营活动（如图 5-2
所示），25~34 岁、35~44 岁劳动者中相应比例均在 4% 以
下，其余年龄的劳动力外出务工的比例则更低。在不同学
历的劳动者中（如图 5-3 所示），大专及以上学历的劳动
者外出务工的比例最高，约为 28.6%；高中学历者次之，
相应外出务工的比例仅约 5.1%；其他学历劳动者的比例则

更低，几乎可以忽略不计。

从这些劳动力从事非农劳动的时间来看，一年内务工时间累积超过 3 个月的劳动者数量在上述有非农劳动经历的劳动者中所占比例不足 1/5（约 18.4%），非农劳动时间超过半年的劳动者占比更低，仅约 5%。这些数据进一步论证了当地劳动力以从事农业劳动为主的经济活动特征；考虑到当地农业生产水平的发展现状，过高比例的农业劳动不利于当地社会经济的发展和居民脱贫致富的效率。

第二节　相邻村庄的贫困问题与精准扶贫工作

理解调查案例村西相王村的贫困发生状况、全面认识和评估其精准扶贫工作的进展，需要对当地其他村庄进行必要的了解和对比。为此，本研究项目组在西相王村所属乡镇走访了其他 4 个村庄（包括非贫困村 P 村、贫困村 Z 村、整村脱贫的原贫困村 H 村、拟易地搬迁贫困村 S 村）。本节将针对这些相邻村庄的贫困问题和扶贫措施实施情况进行概要分析，为理解西相王村贫困现象中具有一般性的问题和特殊困难、总结当地扶贫工作中的经验与不足提供依据。

一 贫困发生情况

表 5-1 展示了与西相王村相邻的 4 个村庄的人口规模和贫困发生情况。在这 4 个村庄中，H 村和 P 村的人口规模较大，2016 年底村庄户籍人口在 1700~1800 人；与西相王村相类似，H 村和 P 村是本乡镇人口规模前十的大村。不过，这些村庄的贫困属性并不相同。与西相王村相类似，P 村的人均收入水平高于国家贫困线标准，因而并不属于贫困村；与之相对，H 村在建档立卡之初，村庄居民的人均收入水平低于国家贫困线标准，因而被确定为贫困村。随着精准扶贫工作的推进，2016 年 H 村的人均收入首次超过国家贫困线标准；至此，H 村实现整村脱贫，成为当地精准扶贫过程中率先实现整村脱贫的典型案例。

表 5-1 与西相王村相邻村庄的人口及贫困发生情况

村代码	贫困属性	总人口（人）	建档立卡贫困率（%）
H	整村脱贫	1829	9.3
S	贫困村	322	32.3
Z	贫困村	979	50.8
P	非贫困村	1702	28.3
西相王	非贫困村	2191	30.2

资料来源：作者调研整理而得。

与 H 村和 P 村的人口规模相区别，项目组走访的其他两个邻村人口规模在当地分别处于中等和较少的水平。如表 5-1 所示，2016 年底 Z 村的户籍人口规模不足 1000 人，约相当于本乡镇村庄人口规模的平均水平；S 村的人口规模较小，2016年底在本村登记的户籍人口仅300人左右，受当地发展状况和发展条件的限制，该村实际常住的人口规模更小。村民人均收入水平显示，截至调查时点，Z村和S村均为贫困村。

从建档立卡贫困人口信息来看，上述村庄中贫困村的贫困发生率总体相对较高。不过，村庄的贫困属性主要取决于村民人均收入水平的高低，因而，相应测度更多地反映当地贫困问题的深度，对实际贫困发生率的高低没有简单的预测关系。上述村庄中，原贫困村H村的贫困发生率最低，其建档立卡贫困人口约占户籍人口的9.3%。结合该村庄在建档立卡之初的贫困属性及其人口贫困率水平可以推断，H村的居民收入差距相对较小，收入较为均等。因而，其人口贫困特征表现为：一方面，该村的贫困发生情况较少；另一方面，该村非贫困户的平均收入水平也不高，仅略高于国家贫困线标准。这些人口贫困特征为H村在过去三年间成功实现整村脱贫提供了部分解释，与此同时，这一现状也意味着H村在未来一段时期内需特别重视其脱贫成果的巩固和返贫风险的警惕——不少非贫困或脱贫人口的实际收入在贫困线附近，新增贫困问题和已脱贫人口的返贫风险均值得关注。

与H村相比，表5-1中其他两个贫困村（S村和Z村）的贫困发生率高出数倍。据建档立卡贫困信息统计，2014年S村和Z村的建档立卡贫困发生率分别为32.3%和50.8%。这些数据意味着，相对于H村，S村和Z村的贫困问题不仅程度更深，而且贫困现象多发。调研中发现，这些村庄的人口规模较小，地貌特征和自然环境决定了人口聚居的适宜性条件相对较差，社会经济发展也往往更为艰难。其中，S村已被确定为整村易地搬迁对象；不过，截至调查时点，其易地搬迁计划尚未落实。

除上述贫困村外，调研地区非贫困村也存在突出的贫困问题。如表5-1所示，P村的建档立卡贫困人口在户籍人口中占比接近三成（28.3%），略低于西相王村的贫困发生率。除贫困属性外，P村的人口规模与上述贫困村（S村和Z村）有较大的差异，这可能从一个侧面反映了该村地貌特征、自然条件等因素相对更适宜于人口聚居；其社会经济发展状况在当地相对较好，在客观上更有可能为发展集体经济等创造条件。不过，值得警示的是，这些村庄往往存在较为严重的收入分化的现象，其人口贫困问题更有可能被忽视。

二 脱贫进展

表5-2汇总展示了上述村庄的主要脱贫进展。表中数值显示，截至2017年初，多数被访村庄的脱贫进展较为缓慢，剩余贫困人口占比超过50%。其中，部分村庄未脱贫的贫困人口比例甚至高达八成左右（如Z村）。这些数据表明，目前调研地区不少村庄的扶贫攻坚工作面临较大的障碍，实际脱贫进展与当地政府关于"十三五"期间脱贫攻坚"五年任务三年完"的目标有不小的差距。相对而言，2016年实现整村脱贫的H村脱贫进展较快，2017年

初，该村剩余的贫困人口约占建档立卡贫困人口总数的三成（30.4%）。

表5-2　与西相王村相邻村庄的主要脱贫进展

单位：%

村代码	贫困属性	年度脱贫人口比例			2017年初剩余贫困人口比例
		2014年	2015年	2016年	
H	整村脱贫	2.3	9.4	57.9	30.4
S	贫困村	26.0	15.4	0.0	58.7
Z	贫困村	6.6	11.7	0.0	81.7
P	非贫困村	12.0	14.1	0.0	73.9
西相王	非贫困村	0.0	28.7	0.0	71.3

资料来源：同表5-1。

表5-2中各村在过去三年间脱贫的具体进展情况显示，实际的脱贫进程绝非直线式或均匀推进。除H村外，表中所列各村庄的脱贫进展在过去三年间出现一定程度的减缓迹象；这些村庄2016年实际脱贫的人口数均为0。这些数据从一个侧面反映了当地贫困程度之深以及实际脱贫难度之大。受当地自然条件和历史原因等方面的客观限制，对多数村庄而言，脱贫致富的道路中面临重重障碍，包括基础条件、经济资源、人力资本、人文社会环境等等。

三　精准扶贫措施与经验

调研了解了上述各村庄的主要贫困现象以及当地实施的精准扶贫措施。概括起来，在上述村庄中，贫困现象具有一定的共性特征。从致贫原因来看，现阶段上述各村庄中，最为多发的贫困现象为因病残导致的贫困，以及因资金和技术缺乏导致的贫困问题。例如，上述村庄中，S村当前贫困人口中因病残致贫的比例高达 43%，Z 村贫困人口中因病残致贫的比例也高达 38%。

因病残导致的贫困现象，往往直接引致家庭劳动力的缺乏以及贫困问题的深层次延续。目前多数村庄针对这类贫困问题，主要采取社会兜底保障的措施予以扶贫。除医疗保险和医疗救助外，主要的兜底办法为通过低保补助提供必要的生活救助。从这些贫困户的脱贫实践来看，社会兜底的扶贫措施对一些大病或残疾致贫的贫困户而言相对有效，能够缓减其贫困现状、保障其基本生活之需。对于有严重慢性病患的贫困户而言，其贫困问题更为复杂，往往需要较长时期负担大额的医疗开支。对于这些贫困户，现行的低保等社会兜底补助措施扶助效果并不明显。

对资金和技术缺乏型贫困现象而言，各村庄实施的扶贫措施主要包括小额贴息贷款、专项种植养殖项目扶持以及技术和技能培训等。不过，受一系列主客观因素的制约，这些措施大多尚未体现其预期的扶贫效果。各村庄贫困户中，实际进行贷款的比例很低，参加培训、参与种植养殖等产业发展的人数也相对较少。与此同时，相应类型贫困户的人口特征显示，绝大多数资金或技术缺乏型的贫困家庭中户主夫妇的受教育程度均不超过初中，其中不少为小学学历。由此反思贫困问题与致贫原因，不难看出，提高人力资本积累水平对于当地人口的脱贫致富可能产生着不可替代的重要作用。

通过对各村已脱贫案例的分析，笔者了解到，目前已脱贫的案例多数是依靠家庭成员在本地或外出非农务工实现的。这些务工案例显示，当地人口从事非农生产经营活动均不具有稳定性，其务工的时间由数十天到数月不等，务工的类型主要包括建筑工地打工、矿场打工、临时性的货物运输等。这些务工特征表明，一方面，劳动力的非农就业对于当地人口脱贫具有重要的影响；另一方面，当前的非农劳动类型以体力劳动为主，且缺乏稳定性；这与当地村民巩固脱贫成果、真正实现致富还有相当的距离。针对当地非农就业比例低、人力资本水平有限的问题，2016年起方山县设计组织劳务培训和输出项目。不过，在本项目调研的村庄中，目前尚无成功接受培训并实现非农转移的案例。

与其他类型的贫困相比，因教育支出导致的贫困现象发生比例相对较低，尽管相应现象在调研的各村均有发生。针对这类贫困问题，目前这些村庄采取的帮扶措施主要是推广"雨露计划"等专项扶助项目、为贫困学生提供必要的贴息贷款等。尽管这些扶贫措施能够缓减的教育支出负担还相对有限，不过，由于教育支出型贫困现象自身具有阶段性、投资性特征，因而，这类贫困问题的缓减和扶助可能重在预防由此而引发的其他贫困问题，谨防贫困类型的转化。

四 小结

本节通过调研西相王村所属乡镇中其他 4 个具有不同人口和贫困特征的村庄，概要分析了这些村庄的贫困发生情况、精准扶贫工作的主要措施与脱贫进展，为对比和深入理解该村精准扶贫对象与工作进展提供了重要的参照和背景信息。

本节研究指出，在调研地区的各村庄中，贫困问题的发生具有相当程度的普遍性。一方面，贫困现象不仅仅在贫困村高发，也在非贫困村不同程度地存在；另一方面，当地不同村庄的贫困问题具有共性的致贫原因。典型的致贫原因主要包括：病残、劳动力贫乏、资金和技术贫乏、教育支出致贫。

针对这些不同类型的贫困现象，当地精准设计和实施了不同的扶贫措施。到目前为止，脱贫成效较为显著的精准扶贫措施主要包括社会兜底扶贫和非农就业。就社会兜底扶贫而言，当地主要针对因病残等原因导致劳动力缺失的贫困户予以医疗救助和低保补助。这些扶贫措施对于部分大病致贫、残疾致贫的贫困人口有较好的实施效果，能够保障相应贫困人口的基本生活需求。对于长期患有严重慢性病的贫困人口而言，这些帮扶措施的实际作用较小；相对于长期需要支付的高额医药费用，这些社会兜底的帮扶措施能够提供的补助往往是杯水车薪。

就非农就业的脱贫成效而言，调研结果表明，贫困户家庭成员的非农就业往往能快速有效地提高家庭收入，从而达到短期脱贫的效果。不过，本研究的分析结果也同样提出警示，目前调研地区劳动力的非农就业现象具有突出的短期性和不稳定性特征，其就业类型以高体力消耗、低劳动技能型为主，这一现状不仅意味着相应脱贫成果缺乏巩固，也有可能因高体力损耗而导致健康隐患和进一步的病患风险。

由于当地人口受教育程度普遍较低，尽管不少贫困人口意识到其主要致贫原因为缺乏资金与技术，但其实际了解、关注和参与扶贫项目的积极性明显较低，在一定程度上限制了扶贫工作的进展。除此之外，受当地自然条件和社会经济发展状况的限制，不少有能力的人外迁到附近的市镇，导致村庄中常住人口多为病残、年老体弱者，这也在客观上不利于发展型扶贫措施的推广。

综合而言，目前调研的几个村庄中普遍面临脱贫进程相对缓慢的现实，多数村庄现存未脱贫人口的占比在五成以上。这一现状在客观上反映了当地贫困发生率之高、程度之深以及实际脱贫难度之大，也在客观上对扶贫工作中冒进、急于求成、"五年任务三年完"的指导思想提出警示。

第三节　基层扶贫工作的成效与不足

经过数十年来国家扶贫计划和政策的逐步落实，本项目调研的贫困山区社会经济面貌发生了重大变化，当地百姓的温饱问题得到解决。即便对贫困人口来说，"吃不饱"[1]的生存威胁已成为相对久远的历史。

随着社会经济的普遍发展，多维贫困的概念对贫困研究和扶贫工作起着越来越重要的指导作用。在多维贫困概念的指导下，一方面，扶贫工作的目标和内涵不断丰富，另一方面，脱贫的任务更为具体和多样化。这一框架对于系统理解和评估扶贫工作具有重要的现实意义，有利于切实推动全面建设小康社会目标的实现。鉴于此，本节将结合本章前两节的研究发现，总结和讨论调研地区基层扶贫工作的成效和不足。

一 调研地当前基层扶贫工作的主要成效

1.农村居民基本实现社会医疗保险全覆盖

自 2003 年新型农村合作医疗保险试点以来，经过十余年的时间，农村地区的社会医疗保险体系建设取得全面发展。本项目调研发现，在调研地区，新型农村合作医疗保险已实现对农村居民的全面覆盖。此外，随着经济的发展和扶贫工作的不断推进，近年来部分有集体产业的村庄中，村民参加新型农村合作医疗保险不再需要个人缴费，由村集体代为缴纳。当地对贫困家庭的医疗保险实行减免

---

[1] 本研究在西相王村的问卷调查针对被访贫困户和非贫困户询问了"去年你家有没有挨饿的情况"，所有被访家庭均回答"没有"。访谈中，多数贫困人口表示，当前吃穿已不再是问题。

个人缴费的做法，减免部分由省县两级财政补足。这些扶助措施解决了贫困人口无力支付保费的问题，缓解了家庭经济困难，也切实推动了全民基本医疗保障的实现。

在实现基本医疗保险全面覆盖的同时，受精准扶贫政策的影响，贫困地区的医疗保险制度改革与完善进程也受到重视。近年来，调研地区医疗保险的报销范围和报销比例有了较为明显的提升。此外，大病医疗保险和医疗救助等制度的发展，也在不断扩大对疾病类型的覆盖和病患负担的缓减。尽管目前新型农村合作医疗保险仍存在"广覆盖、低保障"的问题，不过，其发展和改革进程着实对缓减人口贫困产生着越来越重要的作用。

2. 农村基础设施和基本生活条件明显改善

调研发现，在贫困山区，尽管社会经济条件仍相当落后，但近年来这些地区的基础设施发展令人瞩目。随着电力、水利扶贫工作的推进，农村多数家庭实现稳定用电保障、管道供水入户，基本解决了用电、饮水困难。村庄中路灯照明，入村和入户道路硬化等工程也逐步实施，不仅为村民生活提供了便利、改善了基本生活条件，而且在一定程度上改善生产环境，减少了不必要的风险和损耗。项目组在调研中了解到，由于村间道路硬化工作完成，村民在农业生产活动中开始使用三轮车替代原来的人力运输，在提高效率的同时也减少了雨雪天气因道路坑洼不平造成的额外风险和损失。

3. 贫困人口规模逐步下降，脱贫取得了一定的进展

随着扶贫工作的推进，贫困人口规模不断下降。本项

目调研的地区，过去三年间建档立卡贫困人口数量明显下降，截至 2016 年底全县已脱贫人口占全部建档立卡贫困人口的 49.4%；部分村庄实现了整村脱贫。这些脱贫成果展现了当地扶贫工作的成效。

尽管目前当地贫困问题仍比较严峻，但不可忽视的是扶贫政策通过多渠道、全方位的补助和扶助措施，对缓减贫困问题起到了实际作用。在调研地区了解到，目前当地农民的转移收入包括：国家财政对农户种植粮食的直接补贴、[①] 地方政府对农村低收入群体的煤炭补贴、教育补贴，以及针对无劳动能力的低收入人群提供低保等社会保障。这些转移性收入在当地贫困家庭的收入中占据重要份额，为缓减贫困人口的生活困境提供了重要支持。

二 调研地扶贫工作中存在的问题与挑战

1. 病残问题和医疗支出负担突出，严重挑战着脱贫攻坚进展

在调研地区，病残问题已成为当前农村人口最主要的致贫原因。尽管当地新型农村合作医疗保险已基本实现对农村人口的全面覆盖，不过，由于医疗保险报销制度中关于医疗费用报销程序、报销比例和范围的具体限制，当地居民小病不看、大病拖延的现象相对高发，预防性医疗服务利用水平低，导致实际病患负担相当严重。

---

① 具体规定可参见财政部报国务院的《关于完善粮改政策的建议》以及相关政策细则。

各村贫困人口的致贫原因构成显示，当地不少村庄因病残致贫的比例在四成左右或更高。本项目在西相王村家庭户的抽样调查结果也表明，半数以上的被访家庭中至少有一人患有严重疾病或有严重残疾，贫困家庭中相应病患负担明显更重。导致这一健康现状的原因既包括上述与医疗保险报销制度相关的经济因素，也与当地居民卫生知识和意识相对薄弱有关。除此之外，人口城镇化过程对健康的内在选择性，也可能在一定程度上加剧了农村地区常住人口的总体健康负担。

综合而言，目前贫困农村地区面临突出的人口健康问题，这一状况不仅降低了农村的实际劳动力与潜在生产力；而且对农村家庭薄弱的经济基础而言，高额的医药支出往往会造成贫困家庭沉重的经济负担，甚至使其陷入巨额债务。这些因病残致贫和返贫的威胁，是当前调研地区面临的极为严重的现实问题；在很大程度上限制了扶贫措施的实施以及脱贫成果的巩固。

2. 教育贫困问题严重，制约着发展型扶贫措施的实施和脱贫成果的巩固

调研结果表明，在贫困农村地区，教育贫困不仅表现为高额教育支出产生的贫困效应，而且更严重地反映在人口教育存量水平过低导致的社会经济发展乏力。

相对而言，因子女教育支出导致的家庭经济状况出现困难具有阶段性和短期性特征；随着子女完成教育、进入劳动力市场，家庭经济状况往往能够得到好转，贫困问题得以缓减。然而，对于因人口总体教育水平低导致的劳动

技能低下、知识和信息缺乏，往往容易使贫困家庭陷入更持久的贫困；加之，教育程度低也不利于扶贫措施的推广与参与，脱贫过程更有可能受阻。

在精准扶贫政策实施以来，教育扶贫已成为各地脱贫攻坚举措的重要组成部分。当前，调研地区的教育扶贫项目主要集中于向后义务教育阶段的贫困学生提供补助，如"雨露计划"等；尽管这些地区也在设计和开展针对非在校人口的培训项目，不过，目前相应培训项目的参与度较低，其扶贫效果往往难以体现。这一现状也与当前人口教育存量较低有着不可分割的关系。

3. 部分扶贫项目急于求成、缺乏必要的配套措施和可持续性评估，导致新的贫困问题发生

在调研地区，近年来大规模的基础设施建设项目快速铺开，不少基础设施建设工程从无到有，为当地社会经济的发展和人民生活架设了美好的愿景。不过，这些项目也存在配套措施不完善和执行不力的问题，导致原本美好愿景尚未出现，当地居民生活已遭受了预期之外的不利影响。例如，大规模的基础设施建设往往会带来规划范围内土地用途的变更，在农村地区，这种变更直接影响居民住宅拆迁搬移的现象并不少见。按照相关规划协议，拆迁居民会有相关部门统一安置住所，如新城镇建设的"农民上楼"现象。不过，当配套措施和后续安置工作缺乏规划和执行、不能被落实时，势必导致拆迁户居民长期居无定所，甚至引发新的贫困问题。以本项目调研的西相王村为例，截至调研时点，该村因铁路建设拆迁的数十户人家

"等待安置"已长达七八年的时间，多数家庭居住在临时搭建的简易住房中，居住安全难以保障。事实上，在快速的扶贫建设工程中，后续配套工作极易被忽视。加之，落后地区基层相关管理部门的分割和领导岗位频繁更换的现实，也在客观上助长了大型建设工程背后的配套缺乏直接责任人，导致长期无人关注，甚至"烂尾"。这些状况意味着，贫困地区的发展和扶贫工作的开展必须注重循序渐进，科学完善地管理和执行。这对于切实改善贫困地区的民生状况、防止新的贫困问题滋生具有重要的现实意义。

除上述现象外，社会经济发展的可持续性也是当前扶贫工作必须重视的问题。在当前我国经济转型和产业结构升级的大背景下，近年来一些相对落后的工业产业开始由发达地区向落后地区转移。这些工业产业的转移往往能够在短期内为落后地区带来经济效益，促进当地经济的增长。然而，在这种产业转移大潮中，不少高污染型工业企业忽视了必要的技术升级和配套改革，仅仅进行简单的产业迁移，致使其在追求短期经济利益的同时给当地带来了严重的污染，甚至导致生态环境的破坏。在本项目调研的地区，近年来承接的转移产业暴露了严重的污染问题，导致当地的土壤、水以及空气等生活环境质量遭到严重破坏。这些污染问题，可能在一定程度上为当地居民突出的大病风险和负担提供了一定的解释。因此，贫困地区的产业扶贫必须将生态环境和社会经济发展的可持续性摆在首要位置，在科学有效的评估基础上稳妥地推动产业和经济发展，避免不当的扶贫举措导致更深层次的贫困问题，欲速而不达。

4. 社会保障兜底的脱贫模式具有现实意义，但可推广性受限

在调研地区，病残等因素对贫困的发生和延续具有突出的影响。这一贫困发生模式决定了当地实际可选、适用和有效的扶贫措施极为有限。事实上，当地的精准扶贫实践也在一定程度上印证了这一现实困境。到目前为止，调研村庄中成功脱贫的案例全部依赖社会兜底帮扶措施。相比之下，产业扶贫不仅参与度低，而且不少工业产业自身面临发展困难，有的甚至在短短两年的时间内便以倒闭宣告结束；教育扶贫对在校贫困生的补贴具有缓减贫困的效应，但对于现有劳动力劳动技能的培训却同样面临参与度低、扶贫成效不明显的问题。此外，金融扶贫等项目在当地也未探索出相对成熟完备的帮扶路径，实际帮扶范围和扶贫作用都很有限。

社会兜底帮扶措施对缓减贫困具有重要的现实意义，特别是对因各种原因丧失劳动能力和自我发展潜力的贫困人口来说，相应帮扶措施充分体现了以人为本、共享发展成果的理念。然而，由于社会兜底帮扶措施主要依赖财政转移支付进行扶贫，其扶贫资源的稀缺性意味着这种扶贫措施的实施范围和可推广性在短期内不可能大幅提高。鉴于此，谋求可持续的扶贫发展策略，对于贫困山区的发展和当地居民的脱贫致富具有不可替代的重要地位。

第六章

结　语

第一节　关于扶贫调研发现的反思

一　短期脱贫与长期发展

　　精准扶贫政策明确提出到 2020 年稳定实现贫困人口不愁吃穿、义务教育、基本医疗和住房安全有保障。在全面实现小康社会目标的指导下，近年来各地精准扶贫工作动员了全社会的力量，取得了令世人瞩目的巨大脱贫成效。不过，由于各地的经济社会基础以及发展条件迥异，这在客观上为短期内实现全面脱贫提出了挑战。例如，在包括本项目调研地区的不少贫困山区，由于自然条件恶劣、人力资本水平低、人文社会环境中也存在着一些阻碍发展的因素，这些状况在短期内难以彻底改变，也就决定了这些地区不仅贫困现象多发、贫困程度深，而且脱贫之路困难重重。

本项目调研发现，在这些特殊贫困的地区，不少发展型扶贫措施（如产业扶贫、教育培训等）在短期内参与度不高、很难产生实际脱贫效果。其结果是，这些地区往往不得不倚重社会兜底扶助政策推动脱贫进展。然而，现实是，这些贫困地区的地方财政往往入不敷出，在正常年份财政支出工资出现拖欠、延期数月的现象也时有发生。在这一现实背景下，这些贫困地区短期内实现脱贫的任务愈加严峻。在财政支付能力捉襟见肘、难以为继的严峻现实面前，为了响应尽快脱贫的政策号召，一些地区只得动员社会力量、号召当地财政工资领取者"自愿"捐款，以补贴贫困户。类似的扶贫手段能够在短期内对贫困人口的生活困境有所缓减，但这样的做法无疑缺乏可持续性。在贫困地区职工工资水平本就偏低的情况下，多次实施相应措施极有可能引发新的社会矛盾与问题，与脱贫致富和全面小康的初衷相悖。

除此之外，精准扶贫的工作考核在一定程度上助长了相互攀比、冒进和急于求成的风气。例如，本项目的调研地区便流行着"五年任务三年完"目标指导，要求加快脱贫进程、力求在"十三五"期间的前三年实现全面脱贫。这种指令和工作思想确实从一个侧面反映了政府对扶贫工作的重视，然而，在基层实施过程中这些指令极有可能出现变质，甚至诱发人为编造和篡改脱贫进度数据的问题。本项目调研中发现的贫困发生情况、主要贫困特征以及当前的脱贫进展表明，贫困山区短期内实现脱贫的任务本就相当艰巨。因而，与其追求缩短脱贫过程，滥上项目、急功近利，不如尊重地方的客观实际，设计和实施切实可行的扶贫策略、稳步推进，把着眼点置于人口、社会经济与生态环境的可持续上。

二 村庄脱贫与人口脱贫的辩证关系

时至今日，地区、村庄的贫困状况与其人口的贫困特征已不存在严格的对应关系。尽管从总体来看，贫困村庄的人口贫困发生率相对更高；不过，非贫困村庄的人口贫困发生情况并不总是更低，也即"民贫村富"的现象客观存在。

在精准扶贫措施中，产业扶贫无疑是重要的扶贫举措之一。不少贫困地区通过发展集体产业、农村合作社或引进外来企业以谋求脱贫致富的出路。事实表明，有集体产业或者引进外来企业的村庄，集体收入往往能够在较短时期内实现较为快速的增长，成为村庄脱贫致富的典范。可以肯定的是，村庄脱贫致富能够通过村集体收入的增加为村民提供普惠性福利，如调研地区发现的村集体代缴医疗保险费、改善村庄公共设施和宜居条件等。

值得警示的是，村庄脱贫并不必然意味着村民脱贫，在脱贫措施选择不当或者短视性严重的情况下，也有可能对村民脱贫致富产生不利的后果。调研中发现，一些贫困地区在引进外来工厂企业谋求经济增长的过程中，由于缺乏对相应产业的系统评估，结果导致外来企业不仅给当地造成严重的环境污染，而且未能有效促进当地居民的非农化就业转移。尽管这些企业的生产活动为当地经济带来了增长，也在短期内促成了村集体收入的增加和村庄的脱贫致富；然而，这些措施却对村民脱贫致富毫无助益。相反，由于环境污染，当地居民的健康负担明显加剧，农作物种植等生产活动也受到不利影响。长远来看，这些短视性的脱贫措施对当地产生的不利影响可能远远超过其短期利益。

村庄脱贫与村民脱贫之间存在重要的辩证关系。一方面，贫困村庄的贫困发生率往往更高、贫困程度更深，因而在扶贫工作中更容易引起注意并受到重视；非贫困村的人口贫困问题则容易被忽视。另一方面，村庄的脱贫可能偏离村民脱贫致富的目标。因而，重视村庄脱贫致富的路径选择，避免因短期性行为导致的村庄生态破坏、人口健康风险增加等负向效应，对于促进村庄及其居民的脱贫致富具有重要的现实意义。

三 脱贫工作绩效考核与指标乱象

精准扶贫实行数目字管理，[①] 力求贫困对象的识别、致贫原因的诊断、扶贫措施的设计和实施均做到精准到位。尽管数目字管理具有科学性，体现了管理现代化的重要意义，然而，当这种管理与干部的行政考核过度相关，甚至成为一票否决制的参考标的时，这种管理可能诱发一些指标乱象，如唯指标是瞻的运动式扶贫，乃至在脱贫考核压力下的数据作假和账面式脱贫等。

---

① 王雨磊：《数字下乡：农村精准扶贫中的技术治理》，《社会学研究》2016年第6期。

在调研过程中我们发现，在尽快完成脱贫任务的上级指令和实际脱贫困难重重的双向压力下，基层扶贫工作出现了各种不同的创新性做法。例如，在建档立卡"回头看"中，通过收紧社会兜底扶助对象的鉴定标准，减少相应类型的贫困人口规模。本项目在入户调查中遇到了这样的案例，两位原低保贫困老人被撤销低保资格，原因是老人有女儿领取财政工资，故而不属于低保对象。事实上，两位老人身患重疾、丧失劳动能力，生活穷困，其女儿已婚且不在同一户内生活；加之，女儿虽领取财政工资，但作为合同制代课教师，工资水平本身就很低。这种指标条框式的规定，能够使建档立卡数据库中贫困人口的数量瞬间实现增减。然而，这种增减对于实际的扶贫和脱贫并不能产生现实意义。在调研中，当问到贫困户预计什么时候能脱贫时，不少人表示"不知道，人家让什么时候（脱贫）就什么时候"。这也从一个侧面映射了脱贫指标背后引人深省的复杂现实。

第二节　政策建议

一　完善贫困地区的道路交通等基础设施，为社会经济发展创造条件

　　导致贫困的原因复杂多样，不过，大面积连片式的贫

困问题往往与自然环境、地理特征等发展条件的客观约束有关。贫困地区大多具有交通不便、基础设施薄弱、公共服务条件差等共性特征。20世纪80年代以来，在众多脍炙人口的致富标语中便有不少强调交通等基础设施建设对发展致富的重要意义，如"要想富，多修路""基础设施不发展，小康完全是空想"等。这些凝聚了人类智慧的发展理念，至今仍对贫困地区的脱贫致富有着重要的指导意义。

在本项目调研的贫困山区，受自然条件、历史以及社会经济等方面因素的制约，当地道路交通长期处于落后状态。直到21世纪初，当地的公路建设才开始出现较快的发展。不过，由于山区的地形地貌特征较为复杂，公路交通中不少为盘山路，不仅路面狭窄，而且多有急弯。这一状况，在客观上对公路交通运输承载力设置了极限。然而，与公路的欠发达状况相对照，当地的铁路交通更不发达。2011年，当地所属的地级行政区内第一次实现火车站通车；而此前距离当地最近的火车站在省城。这些交通发展状况表明，尽管公路的运输能力客观受限，但它不得不在当地生产和生活中扮演重要的，甚至是唯一的交通命脉。结合当地的经济发展特征，矿产资源的采掘开发是当地经济开启快速增长的主要支柱；与之相联系，道路交通状况成为关系物资运输和当地经济增长的咽喉要道。当地非农就业者的就业结构也表明，交通运输行业已成为当地劳动力非农转移的重要出路之一。

综合上述因素，交通条件的改善对当地经济发展与脱贫致富有着至关重要的作用。鉴于此，本研究建议，进一步发展和完善交通体系，建立多元完备的道路设施。一方面，改善现有的公路交通状况，在条件允许的情况下拓宽路面，改善路况，建设更高质量、更高等级、更为完备的公路系统；另一方面，规划多元的交通枢纽，通过建设和发展铁路运输，缓减公路交通压力，为当地的生产和生活提供更多的便利，减少因公路状况不佳、负荷过重而导致的交通事故，切实减少当地百姓的生命财产损失，降低残疾等意外的发生。

二 大力发展教育、提高教育质量，稳步提升人口的知识和技能水平

"十年树木，百年树人"。人口教育的发展对于彻底有效地解决贫困问题、促进社会经济持续发展具有不可替代的重要作用。在本项目调研的贫困山区，目前人口教育水平明显偏低。各年龄人口中均有一定比例的文盲存在，中青年人口中仍有相当比例的人受教育程度不超过初中。这一状况不仅制约着当地社会经济的发展潜力，而且在相当程度上影响着扶贫措施的推广与实施。在精准扶贫政策实施数年后，当地的不少百姓，包括贫困户在内，仍对具体的扶贫措施知之不多，缺乏关注和参与的积极性，严重制约了当地的脱贫进展。除此之外，由于受教育程度普遍较低，当地劳动者多数不具备能够在劳动力市场上参与竞争的技术或劳动技能，结果导致劳动力的就业层次普遍较低，非农就业机会受限，就业的稳定性也明显较差。

上述人口教育发展状况的成因包括：①长期以来公共和私人教育资源均明显匮乏。与当地经济发展落后相联系，一方面政府的财政收入有限，能够投入文化教育发展的资源微薄；另一方面，多数家庭的经济状况较差，也在客观上限制了家庭能够投入的教育资源。其结果是，在相当长的时期内，教育产出低与投入低形成恶性循环：受教育资源和教学质量的限制，当地高中升学率极低，能够接受高等教育者凤毛麟角；与之相联系，教育现状使得社会大众和不少普通家庭很难从教育中看到惊喜，这也使得其对教育的重视大打折扣。②撤乡并镇、农村学校合并过程，在客观上降低了学龄儿童就学的便利性，一定程度上抑制了人口教育活动的发展。③近年来城镇化发展，使得家庭经济条件较好、有条件有能力的村民率先迁出农村；这一过程中，部分对子女教育重视的家庭也出现外迁，选择在城镇或市区附近居住，以便为子女提供更好的教育环境和条件。这种选择性的城镇化过程，导致农村生源数量和质量下降，从而进一步加剧了农村教育发展乏力的困境。

鉴于上述问题，笔者认为，贫困地区的人口教育发展，首先，需要注重提高这些地区的教育质量，尽可能地均衡配置教育资源，避免适龄人口在高等教育以前辍学或失学；其次，完善中高等职业教育体系的规划与管理，提高职业教育质量和教学口碑，为多元化人才培养体系的建设奠定基础；此外，重视现有不在校的劳动年龄人口的教育和培训工作。对劳动年龄人口中年龄较轻的失学人群，创造条件尽可能地督促其重返校园或通过其他途径继续接受教育。对年龄较大者，通过实业或技能培训多方位地提高其知识和技能；以非农就业机会为引导和激励，切实提高其人力资本水平。

三 发展预防性医疗服务工作，提高疾病防范与预防水平

与教育状况相类似，人口健康也是关系地区社会经济发展的重要人力资本。除此之外，人口健康状况还是影响社会和家庭病患负担以及生活质量的重要方面。本项目调研的贫困山区，病患负担已成为最为突出的致贫原因。综合上文的分析结论，本研究认为，改善贫困地区的人口健康状况应当从以下方面着手。

首先，提高贫困地区居民的卫生保健知识和意识。通过多种媒介、多方式的宣传教育，提高公共卫生知识的知晓程度。考虑到贫困地区居民的教育水平普遍较低，结合其实际的文娱活动特征，可以设计和使用电视、广告栏等媒介，以通俗易懂的方式传播相应卫生保健知识，也可以通过在学校教育中渗透相应知识，影响家庭和社区居民的相应健康理念与行为。

其次，重视预防性医疗服务。从医疗保险项目和实际的卫生服务机构着手，在制度和机构设置中强化对预防性医疗服务的重视。促进定期体检、疾病防范、有病及时治疗等理念和行为的形成，减少因拖延疾病导致的病患负担增加、劳动力丧失以及其他经济与社会成本增加。

再次，改革和完善医疗保险制度，减少容易产生误导

性效应、不利于预防性医疗诉求和及早就医的制度规定。

最后，医疗保险制度的改革必须与医药系统的改革相配套，协调进行。完善医疗保险制度社会保障功能的同时，全面调研并科学论证关于医药体系中价格、供给等方面的制度设计，避免过度干预对居民就医等行为产生不利的导向。

四 产业发展注重可持续性

发展地区产业和经济，是实现脱贫致富的重要途径。对当前仍处于贫困状态的多数地区而言，发展产业需要重视学习功能和后发优势。尊重自然规律、经济规律和社会发展规律，开创或引进适合本地区人口及社会经济的产业，注重人口、社会经济与生态环境的可持续性。避免急功近利、盲目引进其他地区淘汰或转移的落后工业产业，特别是高污染产业。建立完备的生产安全、环境保护等规章制度，对产业发展进行有效的监督和检查，切实保障其生产运营对当地发展具有可持续性。

五 建设规划、占地补偿等措施的实施注重发展功能

针对贫困地区快速发展的基础设施等建设工程，因建设用地引致拆迁补偿等现象极为普遍。这就要求相应建设和补偿等规划科学完备，注重长期发展设计，避免使用简单划一的一次性兑付手段，防范和减少因补偿引发的婚姻

家庭不和谐、社会不稳定等负面效应。

　　对于补偿的实施办法，注重被补偿者个人及其家庭的发展需要。可以考虑建立发展基金，在划定（或协定）的较长时间段内持续提供定额的补偿。这种做法一方面有助于避免对被补偿家庭产生不利的冲击，通过较长时间内稳定的资金流供给，便于家庭计划和实施发展型战略（如生产、培训等），促使补偿经费发挥更大的效应；另一方面，这种发展基金可以由政府或其他金融机构代为管理，在实现保值增值的同时，更好地服务于家庭的财产安全和发展需求。

第六章
——
结　语
——

参考文献

陈成文、李春根:《论精准扶贫政策与农村贫困人口需求的契合度》,《山东社会科学》2017年第3期。

陈恩伦、陈亮:《教育信息化观照下的贫困地区教育精准扶贫模式探究》,《中国电化教育》2017年第3期。

陈辉、张全红:《基于多维贫困测度的贫困精准识别及精准扶贫对策》,《广东财经大学学报》2016年第3期。

陈希勇:《山区产业精准扶贫的困境与对策——来自四川省平武县的调查》,《农村经济》2016年第5期。

代蕊华、于璇:《教育精准扶贫:困境与治理路径》,《教育发展研究》2017年第7期。

邓秀华:《"精准扶贫"与农村成人教育的"精准"发展——以四川某国家级贫困县为例》,《中国成人教育》2016年第15期。

方山县县志编纂委员会编《方山县志》,山西人民出版社,1993。

高翔、李静雅、毕艺苇:《精准扶贫理念下农村低保对象的认定研究——以山东省某县为例》,《经济问题》2016年第5期。

葛志军、邢成举:《精准扶贫:内涵、实践困境及其原因阐释——基于宁夏银川两个村庄的调查》,《贵州社会科学》2015

年第 5 期。

管汉晖、林智贤:《"五年计划"和中国经济发展历程》,《中国经济》2011 年 4 月刊。

何丕洁:《对职业教育精准扶贫问题的思考》,《教育与职业》2015 年第 30 期。

李金祥:《创新农业科技驱动精准扶贫》,《农业经济问题》(月刊)2016 年第 6 期。

刘辉武:《精准扶贫实施中的问题、经验与策略选择》,《农村经济》2016 年第 5 期。

陆益龙:《农村的个体贫困、连片贫困与精准扶贫》,《甘肃社会科学》2016 年第 4 期。

任超、袁明宝:《分类治理:精准扶贫政策的实践困境与重点方向——以湖北秭归县为例》,《北京社会科学》2017 年第 1 期。

唐钧:《精准扶贫需在"可持续"上狠下功夫》,《人民论坛》2017 年第 1 期(上)。

唐丽霞、罗江月、李小云:《精准扶贫机制实施的政策和实践困境》,《贵州社会科学》2015 年第 5 期。

汤少梁、许可塑:《贫困慢性病患者疾病负担与健康精准扶贫政策研究》,《中国卫生政策研究》2017 年第 6 期。

王嘉毅、封清云、张金:《教育与精准扶贫精准脱贫》,《教育研究》2016 年第 7 期。

王黔京、沙勇、陈芳:《民族地区农村家庭健康现状调查与健康精准扶贫策略研究》,《贵州民族研究》2017 年第 6 期。

汪三贵、郭子豪:《论中国的精准扶贫》,《贵州社会科学》2015 年第 5 期。

王晓毅:《精准扶贫与驻村帮扶》,《国家行政学院学报》2016 年第 3 期。

王雨磊:《精准扶贫何以"瞄不准"？——扶贫政策落地的三重对焦》,《国家行政学院学报》2017 年第 1 期。

王雨磊:《数字下乡:农村精准扶贫中的技术治理》,《社会学研究》2016 年第 6 期。

吴雄周、丁建军:《精准扶贫:单维瞄准向多维瞄准的嬗变——兼析湘西州十八洞村扶贫调查》,《湖南社会科学》2015 年第 6 期。

阎云翔:《礼物的流动:一个中国村庄中的互惠原则和社会网络》,李放春、刘瑜译,上海人民出版社,2000。

杨瑚:《精准扶贫的贫困标准与对象瞄准研究》,《甘肃社会科学》2017 年第 1 期。

殷巧:《教育扶贫:精准扶贫的根本之策》,《人民论坛》2017 年 5 月上。

虞崇胜、余扬:《"扶"与"脱"的分野:从精准扶贫到精准脱贫的战略转换》,《中共福建省委党校学报》2017 年第 1 期。

张彩云、傅王倩:《发达国家贫困地区教育支持政策及对我国教育精准扶贫的启示》,《比较教育研究》2016 年第 6 期。

张琦:《精准扶贫助推我国贫困地区 2020 年如期脱贫》,《经济研究参考》2015 年第 64 期。

张全红、李博、周强:《中国多维贫困的动态测算、结构分解与精准扶贫》,《财经研究》2017 年第 4 期。

张仲芳:《精准扶贫政策背景下医疗保障反贫困研究》,《探索》2017 年第 2 期。

张翼：《当前中国精准扶贫工作存在的主要问题及改进措施》，《国际经济评论》2016 年第 6 期。

支俊立、姚宇驰、曹晶：《精准扶贫背景下中国农村多维贫困分析》，《现代财经（天津财经大学学报）》2017 年第 1 期。

中共中央文献研究室编《建国以来重要文献选编》，中央文献出版社，2011。

朱爱国、李宁：《职业教育精准扶贫策略探究》，《职教论坛》2016 年第 1 期。

左停、徐小言：《农村"贫困－疾病"恶性循环与精准扶贫中链式健康保障体系建设》，《西南民族大学学报（人文社会科学版）》2017 年第 1 期。

Amartya K. Sen, *Poverty and Famines: An Essay on Entitlement and Deprivation*, Oxford and New York: Oxford University Press, 1981.

Amartya K. Sen, *On Economic Inequality*, Oxford: Clarendon Press, 1973.

Martin Ravallion, "A Comparative Perspective on Poverty Reduction in Brazil, China, and India". *The World Bank Research Observer* 26, 1 (2009), pp. 71–104.

Paul Krugman, and Robin Wells, *Macroeconomics*. 3rd edition. New York: Worth Publishers, 2012.

后 记

本项目于 2016 年 6 月启动，项目研究的实施时值国家精准扶贫的战略攻坚期和全面建成小康社会的决胜阶段，这一阶段性特征决定了相应时期的贫困现象具有特殊性，与之相关的社会矛盾也往往更为尖锐和突出。一方面，这一时期存在的贫困问题更为集中地表现为深度贫困和易反复型贫困现象，扶贫工作难度不断增大，实际脱贫进展往往比较缓慢，正所谓"行百里者半九十"；另一方面，随着全面脱贫目标期限的逼近，各界感受到的压力和挑战日增，频繁的检查和考核也在客观上增加了贫困问题以及扶贫工作进展的敏感性。这些因素极有可能为田野调查的实施增加阻力，对研究人员进入研究场景、取得信任产生障碍。

本项目从筹备阶段的选点、抽样和调查实施，到后期对不同群体的深入访谈，总体调研过程进展顺利，这与当地各级领导的支持、百姓的宽容理解以及多位工作在扶贫一线的朋友的鼎力相助密不可分。2016 年底，项目组在进入样本点之前曾几经周折几乎无功而返。最后，所幸得到当地某县级领导的支持得以进入选中的乡镇和村庄。在案例村，项目组得到了村委会干部的全力配合和热心帮助，顺利开展并完成了村庄的调研工作。回首整个调研历程，若非当初有当地相关领导的支持与配合，该项目的调研最终可能无疾而终。感谢在整个调研过程中给予支持和帮助的各级领导，祝愿他们为当地百姓脱贫致富的心愿早日有所安放。

整个调研过程中，项目组走访了当地不少扶贫干部和工作人员，他们在繁忙的工作空隙或利用个人休息时间为项目组答疑解惑，不仅不厌其烦地介绍与自己工作领域相关的扶贫政策、扶贫工作精神及具体实施情况，而且慷慨地分享了个人在当地"精准扶贫"一对一帮扶工作中的经历和体验，为本项目研究的深入探索和分析完善贡献了不可多得的鲜活案例。感谢他们的无私分享和慷慨帮助，愿他们的工作顺利。

在案例村的调查和访谈中，项目组对贫困地区老百姓的质朴和善良印象深刻。尽管他们中有的曾经在面对各级部门"不甚其扰"的例行检查和自身脱贫希望渺茫的矛盾现实时有过这样或那样的不满和宣泄，但对于项目组的调研他们仍然给予了极大的耐心、理解和配合。对于这些抗争在贫困线以下的劳苦百姓，感谢他们的支持与配合，祝愿他们"勇于追梦、勤于圆梦"，早日实现小康梦！

牛建林

2019 年 10 月

图书在版编目（CIP）数据

精准扶贫精准脱贫百村调研. 西相王村卷：非贫困
村的多维贫困及治理 / 牛建林著. -- 北京：社会科学
文献出版社，2020.6
　ISBN 978-7-5201-5176-4

　Ⅰ. ①精… 　Ⅱ. ①牛… 　Ⅲ. ①农村-扶贫-调查报告
-方山县 　Ⅳ. ①F323.8

中国版本图书馆CIP数据核字（2019）第146214号

·精准扶贫精准脱贫百村调研丛书·
精准扶贫精准脱贫百村调研·西相王村卷
　　——非贫困村的多维贫困及治理

著　　者 / 牛建林

出 版 人 / 谢寿光
组稿编辑 / 邓泳红　陈　颖
责任编辑 / 陈　颖

出　　版 / 社会科学文献出版社·皮书出版分社（010）59367127
　　　　　　地址：北京市北三环中路甲29号院华龙大厦　邮编：100029
　　　　　　网址：www.ssap.com.cn
发　　行 / 市场营销中心（010）59367081　59367083
印　　装 / 三河市尚艺印装有限公司

规　　格 / 开　本：787mm×1092mm　1/16
　　　　　　印　张：13.75　字　数：132千字
版　　次 / 2020年6月第1版　2020年6月第1次印刷
书　　号 / ISBN 978-7-5201-5176-4
定　　价 / 59.00元